Le Senlis
PENDANT L'INVASION ALLEMANDE
1914
D'après le
Carnet de Notes
d'un Senlisien
Par
Loup BERTROZ,
Directeur du Courrier de l'Oise,
Journal de Senlis.
orné de
50 Gravures
Prix : 1 fr. 25
Edité par le Courrier de l'Oise
Place Henri IV, Senlis.

SENLIS
Pendant l'Invasion Allemande

D'après le Garnet de

Notes d'un Senlisien

Par Loup BERTROZ,

Directeur du « Courrier de l'Oise », Journal de Senlis

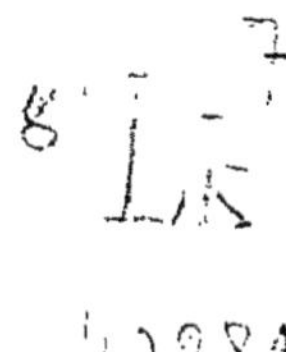

VUE GÉNÉRALE DE SENLIS

Au Lecteur,

Au début de novembre dernier nous recevions d'un Senlisien, un de nos amis, une lettre dont nous croyons devoir extraire les lignes suivantes. Elles disent simplement à quelles circonstances nous devons de vous présenter aujourd'hui cette modeste brochure.

Mon cher Directeur,

. . . .

Au cours de différents entretiens que nous avons eus sur les événements de Septembre 1914 à Senlis, vous m'avez souvent engagé à publier les notes que j'ai prises sur le vif, c'est le cas de le dire, pendant ces journées dramatiques qui font époque dans la vie d'un homme. J'étais hésitant. Aujourd'hui, pour des raisons que je vous ai exposées et dont vous avez reconnu vous-même l'importance, je renonce définitivement à donner suite à la proposition que vous m'avez faite. Nous n'en resterons pas moins bons amis et d'ailleurs, pour vous le prouver, je vous abandonne mon carnet de notes. Peut-être pourrez-vous en tirer quelque parti ?

Enfin voyez. Si vous livrez ma prose — soigneusement revue, corrigée, mise au point — à la publicité, retranchez, bien entendu, tout ce qui serait susceptible de mettre en vedette ma modeste personne. J'ai vécu certainement des heures inoubliables à Senlis, au début de septembre 1914, et, si dans la mesure de mes moyens, j'ai pu me rendre utile à mes Concitoyens dans ces cruelles épreuves, je n'ai fait que mon devoir, un point c'est tout. Dans ces conditions offrez au public, si vous le jugez à propos, le Carnet de Notes d'un Senlisien.

Votre tout dévoué, etc.

Nous avons compris et regretté la détermination de cet excellent concitoyen, qu'une modestie exagérée fait rester dans l'ombre et dont la plume était plus autorisée pour retracer ces scènes tragiques qui ont ajouté le nom de Senlis à la liste trop longue déjà, des cités meurtries.

Notre unique souci en publiant ces notes revues, vérifiées et corrigées a été de mettre à la disposition du public un opuscule à la portée de tous par son prix modique, mais d'autre part aussi documenté, aussi exact que possible. Au début de septembre 1914 les événements se précipitent ; l'invasion de notre malheureuse cité, les arrestations des otages, le combat du quartier de l'hôpital, l'incendie, les exécutions, le pillage, tout se déroule si rapidement que bien des témoins ont perdu la notion du temps et sont en désaccord sur des questions de détail, il est vrai, mais non dénuées d'intérêt.

Les épisodes de ces journées terribles qu'on ne l'oublie pas n'ont entre eux aucune corrélation, autrement dit, ils forment en quelque sorte des faits distincts qui demandent à être traités séparément et d'ailleurs qui méritent qu'on leur consacre un chapitre.

Notre premier objectif, dans les recherches que nécessitait la confection de cet ouvrage, a été de dégager de ce récit toute exagération, toute erreur imputables à des causes bien diverses et presque toujours indépendantes de la volonté de braves gens, dont la bonne foi ne peut être mise en doute. Dans ce simple exposé, on verra avec une réalité impressionnante, les atrocités, la sauvagerie de ces brutes, de cette soldatesque allémande dont la fureur ne connaît plus de bornes...

En décernant, comme il convenait, des éloges à ceux qui les méritent, nous avons pu, bien involontairement, c'est certain, oublier quelques noms, on ne nous en gardera pas rancune. Quelle que soit l'attention qu'on apporte à les éviter, ces omissions se produisent trop souvent. Quant aux personnes dont nous avons peut-être froissé la modestie, elles voudront bien ne pas nous en tenir rigueur. Il y a véritablement du mérite, du courage à faire son devoir à des heures particulièrement graves.

Conserver pieusement le souvenir de ces journées sanglantes, ce n'est pas seulement recueillir les leçons d'un passé glorieux, c'est accorder un tribut d'hommages et de reconnaissance bien légitime à des martyrs dont le courage, la bravoure, l'héroïsme serviront d'exemple à nos générations.

Inclinons-nous profondément devant ceux qui pleurent aujourd'hui un être qui leur est cher. Tout aura été bien dans la vie de celui qui verse son sang pour la patrie, puisqu'il aura su mourir en héros. Quand après la tourmente, la victoire nous ramènera la paix et les beaux jours, la vie renaîtra plus prospère dans ce pays qui aura connu tant de ruines et de misères... Nous conserverons le souvenir des heures tragiques de septembre 1914, pour rendre hommage à ceux qui en furent les glorieuses victimes. Et, par le livre, l'image ou la parole, nous dirons aux peuples civilisés, à nos enfants, ce que fut l'œuvre abominable de ces barbares allemands qui depuis près d'un demi siècle se préparaient à mettre l'Europe à feu et à sang.

Loup BERTROZ.

Avant l'arrivée des Allemands

SENLIS

SES MONUMENTS

SES ENVIRONS

L'origine de la cité est trés ancienne son nom a été mêlé, à travers les siècles aux différentes phases de notre histoire. Sous la Jacquerie notamment, elle eut à subir le siège mémorable de 1418 où le courage et la bravoure des habitants furent soumis à de rudes épreuves.

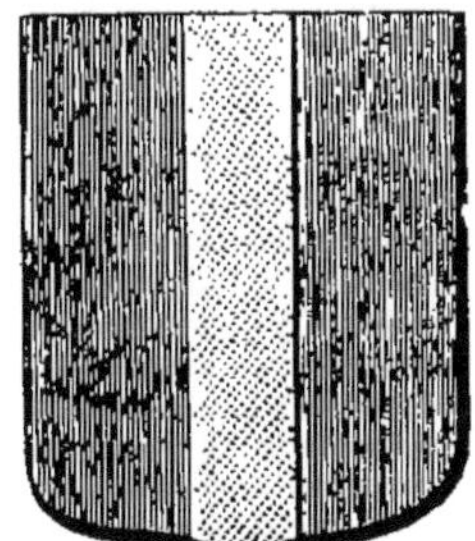

Pendant la Ligue, Senlis apparaît encore au cours des évènements que suscitent les doctrines de Calvin. Elle soutient en 1589 un autre siège mémorable contre les Ligueurs dont la déroute fut complète. L'ennemi ne se tint pas pour battu, revint à la charge et, pendant trois ans par des alertes continuelles, chercha à surprendre la ville.

Il ne nous appartient pas, dans le cadre forcément restreint de cette brochure de donner un aperçu même succinct de l'historique de cette vieille cité qui fut la capitale de la petite peuplade gauloise des Sylvanectes ; nous nous permettrons de renvoyer le lecteur, que ce sujet ne manquera pas d'intéresser, à une ravissante brochure illustrée: *Senlis, Monographie Guide*(1), de l'honorable M. Ernest

(1) Edité par le « Courrier de l'Oise », se trouve dans toutes les Librairies de Senlis.

Dupuis, conseiller général de l'Oise, président du Comité archéologique de Senlis. En quelques pages délicieuses, l'auteur vous dépeint Senlis, dans l'histoire, sous une forme si claire, et surtout si at-

trayante, qu'il vous inspire une réelle affection pour la cité dont il évoque les périodes quelquefois douloureuses. c'est possible. mais toujours glorieuses.

En descendant de la Gare, on arrive tout de suite à la porte de Compiègne que traversent de magnifiques promenades ombragées par de grands arbres. La perspective de la Rue de la République s'offre aux yeux du visiteur. C'est l'ancienne route de Flandre qui aboutit au faubourg Saint-Martin, lequel conduit à l'Hôpital Saint-Lazare et à la route de Paris.

De la porte de Compiègne, on aperçoit les tours

de Saint-Pierre et de la cathédrale. En prenant, la première rue à droite dans la rue de la République on est rue Bellon, on traverse la Licorne, on tourne à droite le bâtiment de la Poste ; pour se rendre à Saint-Pierre. Cette ancienne église sert aujourd'hui de marché.

« Son intérieur, nous dit M. Ernest Dupuis, offre à l'archéologie d'intéressants sujets d'études par les additions et les modifications qu'y apportèrent des époques diverses. Le chœur est du 13ᵉ siècle, tandis que la nef, qui n'a pu, faute de ressources, être voûtée en pierres et n'a reçu qu'une voûte en bois, fut construite entre 1400 et 1480.

Malgré les mutilations qu'elle a subies à l'époque où y furent installés d'abord une fabrique de chicorée et plus tard un quartier de cavalerie, l'église Saint-Pierre est digne d'attirer et de retenir l'attention du visiteur. »

En revenant sur ses pas dans la rue Saint-Pierre, on prend à droite.

ENVIRONS DE SENLIS

la rue du Chancelier Guérin, On longe les bâtiments de l'Ancien Evêché. Sur la place on aperçoit, à gauche, la vieille façade de Saint-Frambourg dont la construction remonte à l'époque de Hugues Capet Remarquable au point de vue archéologique, ce monument qui fut restauré en 1177 n'offre plus que des ruines et sa toiture s'est effondrée l'année dernière au mois de juin.

Enfin voici la cathédrale qui apparaît majestueuse avec son clocher svelte, gra-

ENVIRONS DE SENLIS

CHATEAU DE LA REINE-BLANCHE
Etangs de Commelle.

cieux, lançant dans les cieux sa flèche ajourée, d'une structure aussi hardie qu'élégante et solide. Ce superbe monument qu'on fait remonter au 13ᵉ siècle, ne devait pas être épargné par les Teutons dont le point de mire dans les bombardements a toujours été de préférence les cathédrales et les monuments de nos cités du nord et de la Belgique qui faisaient l'admiration du savant archéologue comme du modeste touriste. Les bombes allemandes venant de Chamant où l'artillerie était installée, c'est le côté nord de l'édifice religieux qui eut le plus à souffrir avec la toiture près des tours.

Le Château Henri IV

Les ruines de ce monument n'ont pas seulement un aspect pittoresque, mais elles sont des plus intéressantes au point de vue historique. « Depuis l'époque romaine, nous dit M. Ernest Dupuis, tous les siècles jusqu'à la Renaissance y sont représentés. L'habitation du Gouverneur de la ville romaine était située dans la partie septentrionale de la cité, et s'appuyait sur l'enceinte elle même, qui existe encore presque entière et qu'on peut voir, en cet endroit, complètement dégagée sur une certaine étendue.

Le vieux mur romain, en partie caché par des constructions avait un développement de 840 mètres, et formait un ovale indiqué par les rues qui en suivent le contour. Sur les 28 tours en saillie qui contribuaient à la défense, seize existent encore ; il avait quatre mètres d'épaisseur ; la maçonnerie, à bain de chaux et de mortier, est d'une solidité qui a résisté à toutes les intempéries. C'est un des plus complets et des plus curieux témoins de l'art de la fortification à l'époque de l'occupation romaine... Près du Château dans son enceinte même se trouvait le Prieuré de Saint-Maurice fondé par Saint-Louis en l'honneur des martyrs de la Légion thébaine, dont de nombreuses reliques avaient été envoyées au Roi par l'abbaye de Saint-Maurice d'Agaune en Valois. Il existe encore quelques parties des bâtiments du Prieuré et on peut admirer trois fenêtres ornées de sculptures du XIIIᵉ siècle dans un bâtiment dont la charpente est un chef-d'œuvre d'élégance, de légèreté et de solidité. »

A deux pas de la porte de Creil se trouvent les Arènes dont la construction remonte aux premiers temps de l'Empire romain. Elles ont été découvertes par le regretté M. Vernois et mises à jour par les soins du Comité archéologique qui, grâce à la générosité de ses membres, s'est rendu acquéreur du terrain. Les arènes sont intéressantes à tous les points de vue et les touristes ne manquent jamais de les visiter.

La vieille Abbaye de Saint-Vincent a été fondée par Anne de Russie, femme du roi Henri Ier. L'église dont la construction est d'une époque postérieure à la fondation de l'abbaye, est simple, peu décorée, mais d'un beau caractère. On fait dater les constructions actuelles de l'Abbaye vers 1660. Le cloître présente un aspect sévère. Il est entouré des bâtiments occupés aujourd'hui par l'Institution Saint-Vincent. Après la Révolution, Saint-Vincent devint un Hôpital, plus tard une caserne et enfin un dépôt de prisonniers de guerre. La maison d'éducation, que dirige aujourd'hui avec tant de compétence M. l'abbé Conen, jouit d'une réputation bien méritée dans toute la région par les services très appréciés qu'elle rend chaque jour.

On doit citer, parmi les élèves de cette maison d'éducation qui devaient plus tard se distinguer dans les différentes situations qu'ils ont occupées : le héros de Sidi-Brahim, le capitaine Dutertre, le poëte académicien José de Herédia Monseigneur Pelgé, enfin le maréchal Canrobert et le général Ladmirault qui ont fait leurs premières études à Senlis.

L'Hôtel-de-Ville.

La Mairie située place Henri IV ou de l'Hôtel de Ville a une façade qui n'attire l'œil du visiteur que par un buste de Henri IV placé au dessus de la porte principale de l'édifice. Sur une plaque de marbre blanc on lit l'inscription suivante : *Mon heur a prins son commencement en la ville de Senlis dont il s'est depuis semé et augmenté par tout notre royaume.* (Charte de 1590).

Dans la grande salle du Conseil, on remarque le beau tableau de Mélingue représentant un des épisodes du siège de 1418 : *L'exécution des otages,*

LA CATHÉDRALE DE SENLIS

L'ancienne route de Flandre à travers Senlis est aujourd'hui la rue Vieille-de-Paris, qui aboutit à l'angle de l'Hôtel de ville.

Lors du bombardement, de septembre 1914 par les Allemands la place Henri IV reçut environ une demi-douzaine d'obus, destinés sans doute à la Cathédrale, mais qui tombèrent sur la place après avoir décrit une trajectoire. Le premier projectile tua devant la porte de la mairie le pompier de service Dropsit. La maison Février, le Comptoir Français, la Pharmacie Le Conte, l'étude de Me Savary et l'Imprimerie du *Courrier* reçurent également des bombes qui n'occasionnèrent que des dégâts insignifiants. Toutefois, il ne

Place de l'Hôtel de Ville.

faut pas oublier qu'un commencement d'incendie se déclara à la maison de M. Savary. La promptitude des secours permit d'écarter tout danger. Quelques obus vinrent écorner la façade de l'immeuble du capitaine Hector ; l'un deux s'enfonça sans éclater dans un arbre à proximité de l'atelier des machines du *Courrier*.

La coquette cité de Senlis n'est pas seulement renommée par ses monuments et son histoire mais elle appelle l'attention du touriste par les sites merveilleux qui l'environnent et offrent aux visiteurs l'occas ion d'effectuer de ravissantes promenades.

Quelle que soit la direction que l'on prenne, on traverse de superbes forêts aux arbres séculaires et majestueux qui ombragent de longues et multiples allées.

C'est Chantilly, avec son incomparab'e domaine du prince de Condé, qui attire chaque année de si nombreux visiteurs.

Le Musée, par ses magnifiques collections, ses souvenirs historiques, les charmes de son parc, la délicieuse forêt de Chantilly font de ce lieu de prédilection le rendez-vous non seulement des promeneurs, mais des amateurs des beautés, des richesses que la nature a semées dans ce charmant paysage.

Nous avons aussi à quelques kilomètres de Senlis, le château de la Reine-Blanche, aux étangs de Commelles ; à l'extrémité de la forêt la Butte aux gendarmes qui domine une vaste plaine et la forêt d'Ermenonville.

Ce nom évoque les souvenirs de Jean-Jacques Rousseau et de Girardin.

C'est aussi l'abbaye de Châalis avec sa maison abbatiale et les ruines imposantes de son église ; Borest avec sa ferme importante que possédait l'abbaye de Sainte-Geneviève. Montlévêque à proximité de l'abbaye de la Victoire élevée par Guérin en l'honneur de Bouvines.

La vue s'étend au loin et on aperçoit au sommet d'une colline la célèbre tour de Montépilloy illustrée par le passage de Jeanne d'Arc.

Nous ne saurions oublier, en terminant cet aperçu à vol d'oiseau des environs de Senlis, le coquet village de Chamant, son église et son château qui fut habité par Lucien Bonaparte.

On le verra plus loin hélas ! c'est à Chamant, à 3 kilomètres de Senlis que les barbares du Nord fusillèrent ces malheureux et innocents Senlisiens arrachés brutalement à l'affection de la famille.

Que les monuments ou les environs de la cité des Sylvanectes évoquent à l'esprit un passé de gloires ou de douleurs, on conserve néanmoins des sites enchanteurs de l'Ile de France, avec la meilleure impression, le désir bien compréhensible de les revoir.

L'Avant-Garde de Von Kluck approche
Exode des Habitants

Dans les journées des 31 août et 1er septembre l'ennemi est dans les environs de Senlis.

L'armée du général Von Kluck se dirige, on peut le dire, à marches forcées, sur Paris que les Allemands sont certains, disent-ils, d'investir dans quelques jours. L'exode des habitants des cités avoisinantes se poursuit avec plus d'intensité. Les trains sont pris d'assaut et les routes encombrées de véhicules de toutes sortes qui emmènent des gens vers la capitale avec les malles et valises contenant les objets de première nécessité et peut-être même leur fortune.

Le mardi 1er septembre, le canon tonne, l'avant-garde de Von Kluck est aux prises avec l'arrière-garde de l'armée française qui a pour mission de défendre un convoi de munitions et de blessés.

Les Allemands s'avançaient sur Senlis en formant un arc de cercle jalonné par Pont-Sainte-Maxence, Verberie, Béthisy, et Crépy. L'artillerie ennemie était postée à Chamant. Une quinzaine de pièces environ, abritées derrière le château et près d'un mur à proximité de l'école, tiraient sur Senlis pour démasquer la batterie française.

Le lendemain des masses importantes d'infanterie prussienne s'avançaient sur Senlis vers 10 heures du matin. Elles venaient des directions de Pont, Compiègne, Crépy et Nanteuil. La situation devenait critique pour nos braves soldats, menacés d'être « encerclés » par des forces supérieures, numériquement, bien entendu. Ils se replièrent en bon ordre, non sans continuer le combat, avec la bravoure qu'on leur connaît. Vers 1 heure et demie de l'après-midi, le canon se fait entendre de Chamant et de Montépilloy, entrecoupé par instant du crépitement des balles des fantassins. Enfin, supposant que les Français ont évacué le terrain, vers une heure et demie le bombardement commence. Il ne cause que des dégats relativement insignifiants au point de vue matériel et après, l'envahisseur, comme on le verra plus loin, pénètre dans la ville dont le martyre va commencer. Voici l'arrestation de notre regretté Maire, M. Eugène Odent, conduit prisonnier à l'Hôtel du Grand-Cerf; des otages pris dans la maison Février en face la Mairie ; trois jeunes gens arrêtés rue de Villevert. Rue la République MM. Maurice, Dupuis, Mme Pierre, sa petite fille, M. et Mme Painchaux, sont poussés en avant par la horde teutonne. Puis ensuite, c'est le combat acharné que se livrent les Allemands qui déferlent par le Faubourg Saint-Martin et les Français qui, à l'orée de la forêt de Pontarmé brûlent leurs dernières cartouches. Entre temps, des malheureux MM. Simon et Mégret sont fusillés dans leur maison ou à proximité. Un troisième Senlisien, M. Barbier rue des Jardiniers est arrêté sans aucun prétexte puis exécuté et, comme si cela n'était pas suffisant, comme pour couronner leur œuvre d'extermination et d'atrocités, des équipes d'incendiaires lancent des bombes, des grenades et, bientôt, les rues de la République, de la Licorne et du Faubourg Saint-Martin ne sont plus qu'un immense brasier, dont la lueur rougeâtre se reflète dans le ciel, annonçant au loin la façon des barbares de célébrer leur victoire.

Pendant deux ou trois jours, et sans discontinuer, les troupes allemandes ont passé à Senlis par les Promenades et par la ville se rendant dans les directions de Meaux et de Nanteuil.

Le 5 septembre des pompiers de Paris faisaient une apparition dans notre ville à peine libérée. L'armée de Von Kluck, tenue en échec par notre aile gauche, avait été brusquement a saillie par les troupes du camp retranché de Paris. Ce fut le signal de la déroute allemande. Les villes et les villages, qui avaient vu nos ennemis marcher sur Paris à la suite d'une série d'attaques brusquées, les ont vus déguerpir avec plus de rapidité encore. Le 9 septembre environ deux cents zouaves arrivent de Paris et donnent la chasse aux Teutons qui s'étaient attardés à Senlis pour piller et faire bombance aux frais des malheureux qu'ils terrorisaient selon leurs procédés.

Nos braves soldats font prisonniers quelques incendiaires et soudards de l'armée de Guillaume et Senlis devient enfin libre pour toujours, nous en avons la conviction.

Telles sont dans leurs grandes lignes, les différentes phases des journées tragiques de septembre qui vont être racontées au lecteur avec autant de simplicité que de sincérité. Les faits que nous exposons sont trop douloureux pour permettre à l'imagination de les amplifier.

Communiqué par M. Henry Escary.

Communiqué par M. Henry Escary.

La Maison des Ponts et Chaussées.

Le Bombardement

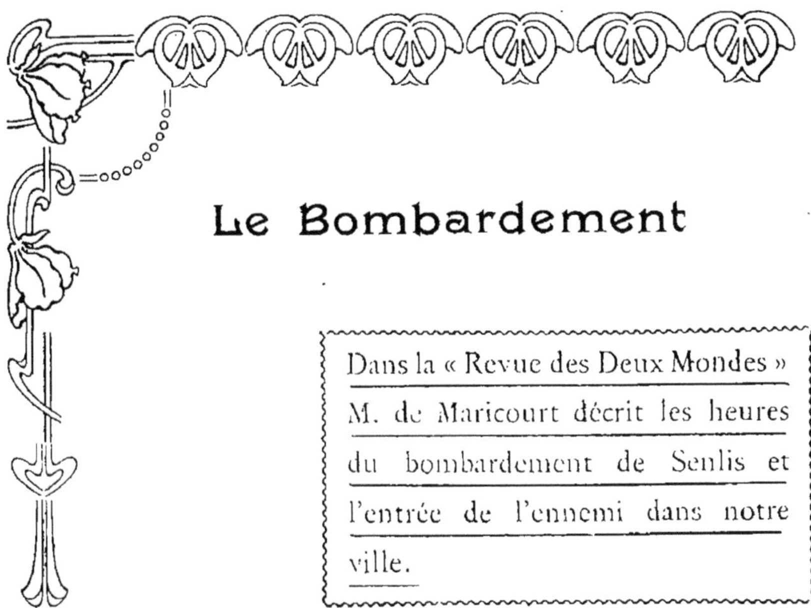

Dans la « Revue des Deux Mondes »
M. de Maricourt décrit les heures
du bombardement de Senlis et
l'entrée de l'ennemi dans notre
ville.

Samedi 5 septembre

(Notes prises trois jours après l'incendie).

Je ne sais pas si je vis dans un cauchemar. C'est la première fois, depuis que je l'ai interrompu, que je puis continuer dans une demi-sécurité mon journal maintenant enterré.

On conserve ces visions d'horreur, comme un somnambule depuis que tout s'est accompli en un laps de temps dont on perd totalement la notion.

Le jour où j'ai interrompu mon journal (quand ?) [le mercredi 2 septembre,] après qu'on aurait voulu nous contraindre à quitter notre pauvre ville en danger, voici qu'au cours du déjeuner, la pétarade violente et bizarre se rapproche singulièrement... Je sors sur le Cours. — Les Allemands sont à 3 ou 4 kilomètres, me dit un voisin, les obus vont pleuvoir, il est temps de rentrer. — Les vitres tremblent. Mon frère Henri estime à bien juste titre qu'il est imprudent de demeurer isolés dans notre coin près d'un pont. Il faut mettre notre mère au couvent, et nous à la grâce de Dieu. Ça se décide en cinq minutes.... mais nous hésitons un moment sur le seuil, tant « ça chauffe. » Traversée des promenades et de la ville au son du canon. Les maisons se ferment.

Les sœurs hospitalisent notre pauvre mère. Tout le monde est en prières dans les sous-sols. — Quand se reverra-t-on ? — Nous allons par la ville.................. Rue du Puits-Tiphaine, le secrétaire de la mairie, MM. M... et C... disent qu'on va bombarder le Quartier ou la cathédrale et que le maire recommande aux rares habitants de se cacher dans les caves ou dans les souterrains de Saint-Vincent, ou de gagner la route de Chantilly. — Les coups se rapprochent. Nous allons à Saint-Vincent. Ça se rapproche encore. Nous nous asseyons sur un banc. Ça siffle, mais on ne voit rien. — Nous allons au souterrain ; puis, pour être utile à certaines femmes affolées... et rechercher aussi mon chien, je retourne au Tour-de Ville sous le ciel magnifique et le soleil éclatant.

J'apprends qu'un obus a éclaté près de l'octroi. Je me dépêche. Sous le cours j'entends un autre coup, puis un autre, et les sifflements majestueux qui précèdent l'éclatement. Quelque chose tombe pas loin de moi. Ça fait voler la terre, casse une grosse branche ; un petit caillou me gicle dans l'œil.

C'est le bombardement... J'ai envie d'hésiter, mais je continue, puisque j'ai commencé. Ça continue aussi... J'arrive chez moi. Je traverse à nouveau les promenades désertes. — Un autre sifflement au-dessus de moi. C'est beau et long, ces sifflements, car on se demande toujours où « ça » va tomber. Je me colle contre un arbre. — Rue Saint-Pierre, un autre coup — Quelques houzards au grand trot me font signe de rentrer dans une maison. — Un autre coup, je crois. J'entre un moment chez Rozycki. Je continue. Je me réfugie une minute chez le charcutier de la Licorne. J'arrive à Saint-Vincent en rasant les murs. D'autres coups. Cela paraît long. Un dernier coup me colle le visage au coin d'un mur rue de Meaux, car... j'ai peur... Quelques ouvriers circulent encore dans la ville. L'un d'eux est tué devant la mairie. J'ai vu le sang la nuit. — Notre pauvre cathédrale est assez endommagée, mais c'est blessures glorieuses à sa flèche,... si elle résiste.

Plus tard, M. le Curé nous dira que, du haut de la cathédrale, il a vu les Allemands dans la plaine viser l'église et tirer assez maladroitement (sous le fallacieux prétexte qu'on les bombardait eux-mêmes de la cathédrale). Retour à Saint-Vincent. Deux ou trois cents personnes affolées sont parquées dans les souterrains. Beau· coup y coucheront le soir. — Dans l'un d'eux, un malheureux blessé amené la veille et descendu sous nos yeux de l'ambulance, à cause des bombes, agonise lentement. Atmosphère tragique. L'ennemi approche. Tout peut arriver ! Dans un coin près du mourant, M. le Supérieur donne une absolution et un frère aîné bénit son cadet. Le blessé râle et meurt. C'est un pieux enfant des Ardennes. Il a tracé quelques mots pour sa mère. A côté de lui un Allemand blessé qu'on remontera tout à l'heure a murmuré auparavant : « C'est triste, la guerre ! ».

Je vais de temps en temps aux autres souterrains, cherchant à calmer les malheureux que soutiennent déjà la belle attitude de Mme G..., de M. Ste-B.,, et de mon frère. — Dans les allées et venues il faut s'aplatir contre les murs, car, — j'anticipe, — les balles siffleront bientôt.

.., Voici 3 ou 4 h. — Hélas ! Pierre le concierge vient nous dire qu'un régiment ennemi descend en bon ordre la rue de Paris. — C'est consommé ! Ils sont chez nous. — Mais, dit-on, ils vont traverser la ville sans commettre d'horreurs. Ils paraissent calmes et remercient, car, première et nécessaire lâcheté des vaincus d'un jour, on donne à boire à leurs chevaux.

Je monte avec Henri au troisième étage. Vision radieuse de soleil d'un paysage. . Nous voyons des fantassins français courir du côté du chemin des Jardiniers. Nous redescendons. Que se passe-il ? Quel est donc cet incident ? Un feu nourri, un crépitement sans arrêt... puis un bruit de mitrailleuses ; puis, pendant des heures un joli bruit, un petit crissement dans les airs : ce sont des balles...

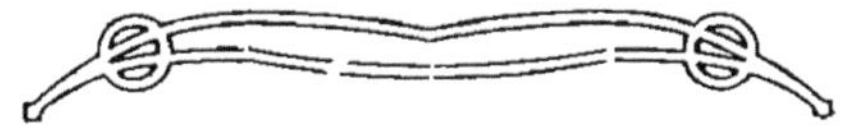

Après le passage des Allemands.

Le 2 Septembre 1914 !

> Place Henri IV, des otages, pris à la maison Février et conduits à Chamant pour être fusillés, doivent leur salut à l'intervention de M. Mader auprès de l'Etat-Major.

*P*our relater les circonstances dans lesquelles s'est produite l'arrestation des otages et pour nous rapprocher le plus près possible de la vérité, nous avons interviewé des otages eux-mêmes. Ils nous ont traduit en toute sincérité les détails de cet épisode qui a failli leur coûter la vie et les ont fait passer dans des transes épouvantables comme on peut le concevoir sans peine.

Tout d'abord, n'oublions pas qu'à Senlis, les Allemands ont prétendu que des civils avaient tiré sur leurs troupes. Ils n'ont fourni aucune preuve pour établir le bien-fondé de leur allégation et les enquêtes ouvertes. à ce sujet depuis lors, permettent d'affirmer qu'aucun Senlisien n'a fait le coup de feu contre l'ennemi. Ce dernier a d'ailleurs souvent eu recours à un prétexte quelconque pour excuser les fusillades d'otages et les atrocités commises tant en Belgique qu'en France par les hordes allemandes. D'après leurs principes et en vertu des prescriptions données par le grand Etat-Major lui-même, toute personne prise les armes à la main et qui aura tiré sur un Allemand, sera fusillée sur le champ, la ville incendiée et des citoyens seront arrêtés soit dans la rue, soit chez eux pour être conduits devant un conseil de guerre qui arrêtera le nombre des exécutions. Celles-ci, on ne le sait que trop, étaient sommaires, les inculpés ne comparaissaient jamais devant le conseil de guerre pour faire la preuve de leur innocence.

« Le 2 septembre 1914 est pour nous une date inoubliable, dit M. Cochet, employé de la Mairie. Journée lugubre, dès le matin, par la fuite précipitée d'une grande partie de la population. Les uns s'en vont à pied, à bicyclette, et d'autres en voitures. C'est triste, c'est désolant ! » Les magasins commencent à fermer et de différents côtés les Senlisiens, qui restent, s'occupent de faire leurs provisions. Vers onze heures on entend distinctement le bruit du canon. L'émotion est à son comble vers midi, quand l'artillerie redouble d'activité. C'est le combat qui se livre aux environs de Senlis et les coups de canon plus précipités, plus distincts font croire que les belligérants sont aux portes de la ville. On aperçoit bientôt des troupes françaises qui battent en retraite en traversant la ville dans la direction de Paris. Vers une heure et demie il y avait un groupe de personnes causant devant la porte de l'Hôtel de Ville, échangeant leurs impressions. On pouvait distinguer entre autres MM. Odent, le maire, Toupet et Victor Cochet. L'heure était grave et on s'attendait d'un moment à l'autre à l'arrivée des Allemands. Tout à coup un obus tombe sur la place et l'un des éclats vient tuer net un Senlisien, M. Dropsit, ouvrier maçon ; c'était la première victime. Chacun se réfugie comme il peut, les uns se hâtant de regagner leurs domiciles en longeant les maisons, les autres se réfugiant chez des amis dans des caves, pendant que MM. Odent, Boulet, le concierge, et Cochet rentrent à la mairie.

Quelques instants après, un fracas épouvantable se fait entendre : c'est un obus qui éclate sur la maison Février en face de l'Hôtel de Ville. Et le bombardement continue, ne causant toutefois pas autant de dégâts qu'on aurait pu le supposer.

A quatre heures les Allemands arrivent et se dirigent vers la Mairie en deux groupes, l'un par la rue du Châtel et l'autre par la rue de l'Apport-au-Pain. A la porte de la Mairie ils demandent le bourgmestre. M. Odent se présente et prie le concierge d'aller chercher M. Calais qui se trouvait avec sa famille chez M. Mahon. Dès son arrivée, M. Calais fut emmené à l'hôtel du Grand-Cerf en même temps que MM. Odent, Boulet, Debressy, restaurateur ; ce dernier devant préparer, sur l'ordre d'un officier, un repas de quarante couverts.

Pendant cet intervalle M. Cochet, dont les officiers allemands n'avaient pas réclamé la présence, rejoint dans la maison Février MM. Baud, Toupet et sa famille, M. et Mlle Lhomme, M. Mader, qui s'étaient réfugiés dans la cave pendant le bombardement. La Ville commence à être sous le coup d'une terreur bien compréhensible; des patrouilles circulent de tous côtés et ordonnent aux habitants d'ouvrir et d'éclairer toutes les maisons. Cet ordre est aussitôt exécuté.

Vers huit heures moins le quart, un bruit de vitres se fait entendre rue du Châtel. Ce sont des carreaux de la devanture de la maison Février qui volent en éclats. Ignorant ce qui se passe, les réfugiés, tout émotionnés, se présentent au magasin. C'était des Allemands qui venaient de casser les carreaux dans le but, peut-être, de s'assurer si la maison était habitée. Les soldats pénètrent dans le magasin, s'emparent de MM. Toupet, Mader et Cochet. M. Mader veut prendre son chapeau, on ne lui en laisse pas le temps. « Héraus », dehors ! crie d'une voix rauque l'Allemand qui le saisit vigoureusement par le bras et l'entraîne dehors. M. Lhomme ne fut pas inquiété en raison de son grand âge et Mme Toupet, souffrante depuis longtemps comme on le sait, supplie, conjure les soldats de lui laisser son mari. Les supplications et prières de cette pauvre femme dont il faut renoncer à dépeindre la douleur, tout est en pure perte. Il faut des otages que les soldats ont l'ordre d'amener dans la plaine de Chamant pour subir un simulacre de jugement devant un conseil de guerre. Le calvaire commençait pour ces innocentes victimes, arrêtées arbitrairement sans aucun motif, qui devaient bientôt se trouver au nombre de quinze s'acheminant à une vive allure rue de la République et route de Compiègne, sous la poussée des soldats de l'escorte trouvant sans doute qu'on n'arrivait pas assez vite au lieu choisi pour l'exécution. Le jeune Cochet qui, en raison de sa claudication très prononcée, avait de la peine à marcher, se cramponnait au bras droit de M. Mader qui le portait à moitié. A sa gauche se trouvait un sous-officier. Je vous laisse à deviner dans quel état d'esprit devaient se trouver ces malheureux se rendant à Chamant

Communiqué par M. de Rozycki.

Débit de Tabac.
M. Simon, propriétaire a été fusillé le 2 Septembre 1914, devant sa maison.

avec le spectacle hideux de la mort qui allait les arracher brutalement à l'affection de leurs familles, en pleine santé et en connaissance de cause.

M. Mader, qui parle assez bien l'allemand, réussit à maîtriser son émotion et entreprit la défense de ses camarades et la sienne propre, puisqu'il avait été arrêté dans les mêmes circonstances. Il faut reconnaître, avant d'aller plus loin dans ce récit, que si les compagnons d'infortune de M. Mader ont eu la vie sauve ainsi que M. Mader lui-même, c'est bien grâce à son intervention et à sa connaissance de la langue allemande. M. Mader demanda, chemin faisant, au sous-officier quel serait le sort des otages ; la réponse hélas ! ne fut pas rassurante. L'Allemand se borna à lui remettre en mémoire ce qui s'était passé dans des cas analogues en Belgique et dans nos cités du Nord. Leur exécution paraissait presque certaine au sous-officier. Les otages, cueillis sans le moindre prétexte et entraînés brutalement, eurent le pressentiment que leur dernière heure allait bientôt sonner sans avoir eu le temps d'adresser un dernier adieu, d'embrasser encore une fois les êtres qui leur sont chers. Le cortège, en passant rue de la République, aperçoit la maison de M. Delaporte, Juge de Paix, qui était en flammes. On prend la route de Compiègne et on arrive au Poteau, toujours à une vive allure, pour emprunter de là le premier chemin à droite. Voici nos malheureux concitoyens arrivés dans un champ rempli d'Allemands, près de la maison Tarcy, devant la haie longeant le chemin. A un commandement rauque, un groupe armé fait face aux otages. Un capitaine allemand à cheval s'avance et prononce d'une voix forte la sentence des captifs. Nous en respectons le texte.

La Sentence du Conseil de Guerre

« Par ordre supérieur, toute Ville ou Village, où il y a attentat du civil contre nos troupes, doit être réduit en cendre ; la population est responsable et les habitants doivent être amenés devant nos troupes pour être exécutés immédiatement. Senlis étant dans ces conditions doit en subir les conséquences. »

Tous nos concitoyens, terrorisés par la sentence dont M. Mader leur donne la traduction, veulent prononcer quelques mots pour affirmer leur innocence et protester contre leur arrestation arbitraire au premier chef. C'est inutile, le capitaine leur impose silence et ne veut entendre que M. Mader, qui, avec beaucoup de sang-froid et d'à-propos, s'exprime ainsi :

— Nous ne pouvons croire que vous commettrez un pareil forfait Nous sommes tous innocents et dévoués autant pour vos blessés que pour les nôtres. Les autorités ont toujours recommandé aux habitants de se montrer pacifiques à votre égard. Il est impossible que des coups de feu aient été tirés sur vous. Si quelqu'un a tiré, ce ne peut être que des soldats.

Le Capitaine. — Oui, des soldats qui se mettent ensuite en civil pour se sauver. On connaît tous ces « boniments. »

(A ce moment M. Pierre, le concierge de Saint-Vincent, intervient pour prendre sa défense. Le Capitaine demande des explications à M. Mader qui lui répond que Pierre allait chercher un médecin pour soigner un officier allemand quand il fut arrêté en chemin).

Le Capitaine. — *(En désignant M. Toupet)* Et ce gros Monsieur?

M. Mader. — Monsieur est mon ancien patron chez lequel j'ai travaillé pendant 29 ans; un homme très bon qui, au besoin soignerait les vôtres aussi bien que les nôtres.

Le Capitaine. — Soit. Mais je ne peux rien, l'ordre est formel.

M. Mader. — ..... Mais puisque vous vous dites **avec Dieu pour votre empereur et votre pays,** Dieu vous punira pour avoir commis un acte aussi criminel. Cela vous portera malheur.

Le Capitaine. — *(En s'en allant).* Je vais encore tenter quelque chose auprès de l'Etat-Major.

« La tristesse, nous dit M. Cochet, nous étreint. Je sens mon cœur se serrer à la pensée que je ne reverrai plus ma mère et les miens. Il me semble que j'étouffe. Le clair de lune vient jeter ses lueurs blafardes pour éclairer cette scène horrible. L'attente nous paraît longue; elle est mortelle..... » Enfin le capitaine revient au galop de son cheval.

« Vous pouvez vous en aller » dit-il. M. Mader lui demande alors si les otages peuvent retourner à Senlis. Le Capitaine lui dit que c'est inutile, la Ville doit être en feu. M. Mader supplie à nouveau l'officier d'épargner à une ville aussi pacifique un châtiment aussi terrible. Mais c'est en vain, l'officier donne les ordres pour que nos

conciloyens graciés soient ramenés à Chamant, à l'exception de
M . Mader qu'il garde auprès de lui.

Les Impressions de M. Mader.

Nous voyons M. Mader, l'employé de la maison Février, située en
face de la Mairie.

M. MADER
Attaché à la Maison Février

Placé avec des otages devant un
peloton d'exécution, est intervenu
auprès d'un officier allemand, a
obtenu sa grâce et celle de ses
compagnons d'infortune Cité à
l'Ordre du Jour.

Il est aussi, comme ses compagnons d'infortune, plongé dans
une indicible émotion, quand on
lui rappelle ces heures troublantes.
« Je ne puis songer, dit-il, à ces
journées terribles sans avoir devant mes yeux la vision d'un
spectre horrible. Il était neuf
heures du soir, je voyais dans le
ciel la lueur sinistre des incendies que les barbares avaient allu-
més dans notre cité. C'était terrifiant. A ce moment, j'éprouvais
intérieurement la consolation
d'avoir pu défendre utilement
notre malheureux groupe d'o-
tages. Combien hélas ! je regret-
tais de ne rien pouvoir tenter pour
M. Odent, notre infortuné maire.

Les larmes me venaient aux yeux quand je me rappelais la dernière
poignée de mains qu'il m'avait donnée à une heure et demie Oh !
combien j'aurais voulu que M. Odent eût trouvé grâce devant ses
juges comme nous-mêmes. J'avais l'intention de suivre mes camarades à Chamant, mais un chef me retint près de lui en me disant :
« Vous devez connaître le village ». Sur ma réponse affirmative, il
me demande de lui présenter le maire ou l'adjoint, responsables
d'un coup de feu tiré au coin d'une ferme et de l'empoisonnement
de l'eau. Le village subira la punition que méritent ces actes.

Enfin, nous voici arrivés à Chamant. On me fait goûter de l'eau.
pas très propre d'un baquet, ensuite de l'eau d'un puits et d'une
pompe d'une maison près du calvaire. Je bois autant que possible

pour rassurer les officiers et je prends la défense des habitants de Chamant aussi incapables de faire le coup de feu que d'empoisonner l'eau. Je continue à descendre le chemin, entouré d'Allemands toujours menaçants, cassant portes et fenêtres à droite et à gauche. Après avoir passé la mairie, nous voici devant la maison de M. Caron, menuisier, conseiller municipal. Les soldats se préparaient déjà à défoncer la porte. Heureusement elle s'ouvre toute grande et livre passage à M. Caron et à sa famille qui présentent des signes d'inquiétude très manifestes. L'officier demande le maire; « Il n'est pas là, répond M. Caron avec fermeté, il est parti avec toutes les autorités. — Pourquoi M. Caron est-il resté? reprend l'officier. — Pour ne pas abandonner ses occupations et sa commune ». Cette réponse parut satisfaire l'officier. Ils exigent ensuite de nous du beurre et des œufs. M. Caron garantit que l'eau de sa pompe est d'une excellente source. Pour le prouver, toute la famille et moi-même nous en buvons d'abord et nous gagnons ainsi la confiance des teutons.

Je demande l'hospitalité à M. Caron pour ne pas être toujours en contact avec nos ennemis. En alléguant que je ne puis presque plus parler, l'officier m'accorde cette autorisation à la condition que je sois toujours là à sa disposition.

Comme j'étais heureux de me trouver au milieu d'une famille si honorable et si dévouée.

Nous entendons de tous côtés le bruit des portes de maisons qu'on enfonce, des basses-cours qu'on dévalise. Nous ne pouvons nous coucher qu'à quatre heures sans nous déshabiller et sans songer à dormir, bien entendu. Dès le matin, au petit jour, les Allemands se présentent à nouveau. Ils veulent absolument que je leur indique le boulanger du pays — chose difficile — et le bureau de tabac — vide de tabac !   On me fait traduire quelques lettres insignifiantes de soldats français et, pendant ce temps, M. Caron fournissait toujours de l'eau de sa pompe — heureusement inépuisable. Pendant plusieurs heures, nous assistons à un défilé de troupes allemandes : artillerie, cavalerie, infanterie, des autos de chefs — dont celle de Von Kluck, - plusieurs drapeaux, des cuisines ambulantes, une quantité de voitures de maîtres : landaus, coupés, breacks ; des bestiaux, des caissons pleins de volailles, de lapins et même de lièvres. Deux chevaux blessés suivaient avec peine Un chef me dit de les prendre, sinon ils seront abattus. Les ayant

emmenés dans un box au bas du pays, je les soignai pendant deux
jours et les mis ensuite au vert.

De retour à la maison Caron, on vient me chercher pour aller à
la glacière traduire quelque chose dans un catalogue d'automobiles.
Ils voulaient utiliser l'auto qui sert au transport de la glace, mais
impossible de la mettre en marche. Je fis constater par un chauffeur
qui passait le besoin de réparations.

Je fus quitte encore une fois.

Le vendredi fut calme ; mais dans quel état se trouve le village!
De tous côtés courent des bêtes égarées : chevaux, moutons,
cochons, lapins, volailles; des voitures abandonnées, des bicyclettes,
des meubles et surtout des bouteilles vides gisent tout le long du
chemin ; de la viande, des chevaux, des lapins, des chiens, des
moutons morts achèvent de pourrir; avec quelques hommes de
Chamant j'enterre toutes ces pourritures après les avoir brûlées.

Vers six heures du soir, un chef vient me chercher pour aller au
calvaire où se trouvaient plusieurs voitures d'ambulance et quelques
officiers. L'un d'eux me dit qu'ayant laissé six blessés à Chamant,
et qu'étant venu les chercher ce matin, ils n'avaient trouvé que les
matelas tachés de sang. — Nouvelle inquiétude. Je leur explique
qu'ils ont dû être secourus par la Croix-Rouge de Senlis et emmenés
à Saint-Vincent. Ils déclarent qu'ils vont y aller voir et qu'ils revien-
dront à huit heures; ils ordonnent de préparer pour cette heure
cinq bons lits et une grange avec beaucoup de paille, ce que nous
nous sommes empressés de faire, mais ayant trouvé leurs blessés à
Senlis, ils ne sont pas revenus.

Le samedi matin, je prends avec angoisse le chemin de Senlis !
Quel spectacle ! Quelle impression ! Des ruines encore toutes
fumantes. Je n'ose descendre vers la Sous-Préfecture jusqu'à mon
habitation Dans quel état vais-je la trouver? En cendres, je le
soupçonne Mais heureuse surprise ! elle est encore debout; les
portes et les fenêtres sont brisées, l'intérieur en partie brûlé, mais
je me console à la pensée qu'il y a tant de malheureux dont la
demeure n'est plus qu'un amas de pierres, de ferrailles, de char-
pentes qui ne permettent même pas de distinguer l'intérieur.

Pauvres gens qu'on apercevait quelques jours après encore rôdant autour de ces ruines, tout pensifs et muets devant ces matériaux de démolition qui avaient été leur maison d'habitation.

Disons pour terminer ce chapitre, et c'est l'avis unanime des Senlisiens, que l'intervention si précieuse de M. Mader a certainement beaucoup contribué au salut des otages, dont il a pris la défense avec autant de sang-froid, de tact que d'habileté.

La préméditation chez les Allemands

Avant de se mettre en campagne les Allemands n'avaient rien laissé à l'imprévu. Tout avait été au contraire bien prémédité. Déjà en traversant la Belgique qu'ils venaient de violer, ils prétendent que l'armée belge fait marcher devant elle des femmes, des enfants, des vieillards et des prêtres. Ce sont les sujets du kaiser qui masquent leur jeu et mettent à l'actif des Belges des procédés qui leur sont chers. Pour incendier les villes ouvertes ils accusent des civils d'avoir tiré sur eux. Or les personnes les plus autorisées, les plus dignes de foi, leur donnent un formel démenti à cet égard. Et comment se fait-il d'ailleurs qu'en pénétrant dans une ville ouverte, ils arrivent déjà munis de leurs appareils incendiaires : lance-bombes, grenades et équipes avec le matériel *ad hoc* chargées de communiquer le feu à des quartiers entiers ?

L'œuvre de destruction pour eux doit se poursuivre sans relâche jusqu'à ce qu'elle soit complète. S'il n'existe pas de raisons plausibles pour légitimer ces procédés contraires au droit des gens, on les fait naître, un point c'est tout.

C'est la « kultur » allemande qui l'exige.

Le Maire, M. Eugène Odent, est fusillé !

Dans le « Journal d'un Bourgeois de Senlis » publié par le « Correspondant » M. H. de Noussanne, relate l'arrivée des Allemands.

- - - - - - - - - - - - - - - -

Le nombre des maisons détruites est, dit-on, de cent quatre. Le relèvement officiel n'est pas encore fait. Le chiffre des victimes est d'un peu moins de trente, vingt-sept, paraît-il. Il y a le maire et six ouvriers pris au hasard et rendus responsables des coups de feu que les Allemands ont reprochés à des civils ; il y a six ou huit victimes : hommes, femmes et enfants, mis devant par les ennemis quand une arrière-garde française a attaqué leur avant-garde, au moment où ils commençaient d'occuper Senlis ; il y a deux personnes tuées en ville, au cours du bombardement ; il y a deux infortunés brûlés vifs dans leur maison incendiée ; le reste a disparu sans que l'on ait de précisions, fétus de paille emportés dans la tourmente.

La bataille de Senlis marque le point culminant de l'envahissement de l'Ile-de-France. A partir de là, le flot germanique recule. Le bombardement de la cathédrale et l'incendie de maisons représentatives des traditions du passé national servent de borne à la marche en avant de l'envahisseur. Senlis, ainsi, justifie sa domination morale qui s'affirme par sa gloire ancienne et l'élan de sa flèche,

Eug. ODENT, Maire de la Ville de Senlis,
fusillé par les Allemánds le 2 Septembre 1914,

Résolu à remplir son devoir et donnant, une fois, de plus la preuve de son attachement à Senlis, la veille de son exécution, il adressait la carte suivante à l'un de ses bons amis, l'honorable M. Cultru, doyen du Conseil municipal :

que l'ennemi n'a pu abattre et qui s'élève au-dessus des clochers de la région, signe d'idéal et de beauté.

Le point culminant du drame senlisien pris en lui-même est la mort du maire, perfection du Français inoffensif, loyal, travailleur, issu de la bourgeoisie économe et digne. Tout a un sens. Une telle victime est nécessaire dans l'instant où le barbare est hors d'état de pousser plus loin son effort dévastateur. A l'endroit où il s'arrête, battu, il faut un holocauste inoubliable.

J'ai voulu voir l'endroit où M. Odent, maire de Senlis, a été tué. C'est un champ, au sortir des dernières maisons de la ville, sur la route de Compiègne, un peu au-dessus du lieudit « Le Poteau » à droite, en s'éloignant de Senlis, en face du terrain de courses du château de Chamant. Ce champ d'agonie, où un juste est tombé, où six malheureux ouvriers ont été assassinés, où sept otages ont, toute une nuit, attendu la mort, offre encore l'aspect sinistre d'un campement désolé. Des meules de paille, éventrées, jonchent, de leurs gerbes défaites, l'étendue du terrain sur lequel plusieurs milliers de sauvages ont couché à la belle étoile, à quelques pas des morts sacrifiés à leur rage de vaincus. Au nord du champ, l'endroit où M. Odent a cessé de vivre est marqué par une croix de bois, sur un tumulus de terre fraîche. On a retiré le corps. Il est à Senlis.

L'archiprêtre qui m'accompagne dans ce pèlerinage douloureux me dit, devant cette tombe vide et d'où rayonnent, pourtant, les plus précieuses vertus françaises :

— Nous l'avons exhumé avec grand soin. Il était couché sur le côté droit, le bras un peu replié, le bras gauche complètement allongé; dans sa pauvre figure méconnaissable, on ne distinguait que les dents...

Le plus touchant et le plus beau de ce drame, l'archiprêtre me le dit quand nous nous éloignons pour aller vers la grand'route, jusqu'à un tertre qui recouvre le corps d'un officier allemand. Nous avons salué l'endroit où six ouvriers de Senlis ont été abattus ; nous venons de nous incliner devant la place de l'assassinat du maire ; nous saluons aussi l'endroit où dort un ennemi. Le barbare et le civilisé, les victimes et l'un des assassins sont des morts tous égaux devant le silence et le mystère. Mais quelle supériorité morale chez les nôtres !

— M. Odent, dit l'archiprêtre, s'attendait à mourir. C'était chez

lui, non pas une crainte, mais un pressentiment. Il n'avait rien
à craindre, n'ayant rien à se reprocher. Il ne négligea aucune
des mesures d'ordre et de prévoyance que la suite précipitée des
évènements lui permit, sans les permettre toutes. Il n'avait pas,
d'ailleurs, à douter de la sagesse de Senlis et ne pouvait prévoir
l'échauffourée, survenant, soudain, à l'extrêmité de la ville, à la
reprise du combat et dont il a été, au mépris de toute équité, sans

M. CALAIS
Secrétaire de Mairie

M. Calais resté à son poste
pendant les heures tragi-
ques a donné des preuves
de son attachement au
Maire à la municipalité et
au conseil municipal qui
lui ont valu une citation à
l'ordre du jour.

enquête ni jugement, rendu responsable. A parler net, les Allemands voulaient assassiner des Senlisiens. La dignité simple de M. Odent devait attirer
leurs coups. Il le savait, il avait réglé,
la veille, ses affaires de conscience avec
Dieu et lorsque sa famille est partie, à
l'heure où la bataille imposait l'évacua
tion de la cité, il l'a quittée en homme
persuadé de ne plus revoir, en ce
monde, ceux qu'il aimait. Au moment
où les Allemands arrivaient à l'hôtel de
ville, il aurait pu être entouré de ses
adjoints, demeurés à Senlis et prêts à
tous les devoirs Ils étaient chez eux,
puisque le bombardement venait à peine
de cesser et qu'il avait commencé à
l'heure où l'on était encore à table pour
le déjeuner. L'employé de la mairie, qui

offrit à M. Odent d'aller les prévenir, reçut cette réponse :

— Non, ce sera assez d'une victime !

Après avoir travaillé, la veille, jusqu'à une heure avancée de la
nuit, avec le premier adjoint, M. de Parseval, il était revenu, dans
la matinée, à la mairie. Il y resta jusqu'au moment où, la bataille
étant aux portes de Senlis, des balles et des obus s'égaraient sur
les maisons. Il dut alors regagner son domicile, assez lointain, dans
l'intention de déjeuner. Mais il ne fit, pour ainsi dire, qu'entrer et
sortir et revint à l'Hôtel de ville. Peu après, le bombardement direct
commençait. M. Odent se mit à l'abri, dans la mairie même, et
réoccupa son cabinet quand la canonnade cessa. Les Allemands faisaient leur entrée dans Senlis. Averti de leur approche, M. Odent

descendit sur le seuil de la mairie et se trouva en face d'un général(1) et de son escorte. Ce commandant de troupes demanda si les Français occupaient encore Senlis et si la population était calme. M. Odent, qui n'avait aucune raison de penser qu'à 5 ou 600 mètres de là des Marocains se fussent postés dans le bas de la ville, du côté de la direction de Paris, répondit, en toute loyauté, qu'il croyait nos soldats hors de Senlis et que la population était des plus pacifiques. Le général le requit de commander un repas de trente couverts pour le soir même, à l'hôtel du *Grand-Cerf*. M. Odent dut le suivre vers l'hôtel. Le secrétaire de la mairie accompagnait le maire et l'Allemand. Celui-ci s'indigna de voir sur son passage les fenêtres et les portes closes. Il donna l'ordre que tout fut ouvert. Le maire répondit que les habitants étaient, pour la plupart, absents, mais qu'on ferait du mieux possible. Injonction aussi d'éclairer la ville, la nuit venue, comme à l'ordinaire.

— Le directeur et le personnel de l'usine à gaz sont partis, objecta M. Odent.

— Je veux, répliqua l'officier.

Ils étaient arrivés au *Grand-Cerf*, lorsqu'au bas du faubourg Saint-Martin, reprit la fusillade. L'arrière-garde française tirait sur l'avant-garde allemande.

Le secrétaire de la mairie, M. Calais, dont le courage ne faiblit à aucun instant dans ces tristes jours, avait quitté M. Odent pour aviser aux moyens d'avoir du gaz. Le « général » dut éclater en menaces et répéter une accusation qu'il avait déjà faite, celle de coups de feu tirés par des habitants sur ses officiers et soldats. « Cela mérite punition », avait-il dit, malgré la protestation de M. Odent.

A ce moment ou à l'autre, que valait le grief de l'ennemi ? Il est impossible de le savoir. Des marocains et des zouaves s'étaient attardés dans des cabarets au bas du faubourg. Un cabaretier exalté a-t-il tiré ? Aucun témoignage n'en fait foi. Un ivrogne, qu'on a trouvé mort ensuite, s'était montré dans une rue, proche d'une de celles que les Allemands allaient suivre; il brandissait un revolver, peu avant leur arrivée. Les a-t-il menacés ? A-t-il déchargé son arme ? Là, aussi, nul témoin. Il est seulement établi qu'au moment où la fusillade reprit dans Senlis, les Allemands descendant de Chamant,

____

(1) Il est douteux que cet officier fût un général. Les rares Senlisiens qui le virent tiennent pour ce grade, mais il est improbable qu'un général ait marché avec une avant-garde.

à travers la ville, s'emparèrent, au hasard des rencontres, de diverses personnes, y compris une femme portant une petite fille. et les firent marcher au milieu de la rue au devant des soldats français, tandis que leur troupe défilait le long des murs. Ils s'avançaient vers le bas de Senlis, par la rue de la République et la rue de Paris; d'autres même contournaient la cité par le boulevard du Montauban. Chaque fraction se couvrait d'innocents habitants obligés de précéder l'ennemi ou de périr sur le champ. Plusieurs de ces malheureux Senlisiens sont tombés sous les balles françaises; la petite fille a été blessée. D'autre part, sans motif autre que de chercher des victimes, les ennemis arrêtèrent, sur les trottoirs, une demi-douzaine d'artisans qui eurent le malheur de ne pas les éviter. Le maire était au *Grand-Cerf*, au milieu des officiers allemands, sans aucune possibilité de faire quoi que ce soit. Il fut brusquement mis dans une automobile et conduit à deux kilomètres de Senlis. dans un champ, près du château de Chamant où réflexion faite, l'état-major allemand. délaissant le *Grand-Cerf*, s'installait et donnait l'assaut aux caves abondamment pourvues. D'innombrables bouteilles de fine champagne, sans parler des vins, se volatilisèrent.

Pendant ce temps, Senlis flambait avec méthode.

C'est après boire, apparemment, que le chef des ivrognes — il faudra savoir son nom — ordonna la mort de M. Odent.

Celui-ci était resté, avec un lot d'otages, dans le champ où on l'avait conduit, quand, vers onze heures du soir. un officier vint l'appeler et lui donna quelques minutes pour dire adieu à ses concitoyens captifs et confier à l'un d'eux ses papiers, son alliance et sa dernière pensée pour sa famille ; puis il le mena un peu à l'écart et, sans autre forme de procès, le fit fusiller sur place par deux assassins subalternes.

Dans ce même champ, un peu plus loin, les six infortunés artisans, enlevés dans Senlis, furent, de même, passés par les armes, sans qu'aucune raison valable puisse en être donnée. Les autres personnes arrêtées restèrent prisonnières toute la nuit, attendant la mort. Le matin on les relâcha.

Pourquoi épargna-t-on les uns et fusilla-t-on les autres ? Pourquoi l'assassinat du maire, vers onze heures du soir, après un enlèvement brutal à quatre heures de l'après-midi ? Tout cela ne se conçoit que si l'on admet l'ivresse des assassins recevant, dans la nuit, au cours d'une orgie, de mauvaises nouvelles de l'ensemble des opérations de la journée et envoyant des malheureux à la mort, à tort et à travers, afin de passer leur fureur.

Le père et un aïeul de M. Odent avaient été maires de Senlis, Leur nom a été donné à une rue de la ville, en souvenir de leurs précieux services. M. Odent père, était à la mairie, en 1870, et défendit avec dignité les intérêts de la ville pendant les treize mois de l'occupation allemande, L'aïeul était en fonctions en 1832, lors de la terrible épidémie de choléra qui ravagea la France. Il fut admirable. Le dernier maire de Senlis n'a pas failli à ses traditions de famille, formées par des plus belles de notre race.

Après le drame

Le lendemain, quand au milieu de ses désastres, Senlis apprenait la mort de son regretté maire, la consternation fut générale. On avait peine à croire que, sans aucun motif, l'ennemi avait pu causer tant de deuils, de douleurs, de ravages dans une ville ouverte que les Allemands de 70 avaient respectée. Les devoirs suprêmes rendus à celui qui s'était sacrifié pour son cher Senlis. le dernier adieu prononcé par l'honorable M. Cultru, doyen du conseil municipal, MM. de Parseval et Michel Robert, premier et deuxième adjoints, avec un dévouement, qu'on avait déjà pu apprécier dès le premier jour de la mobilisation, prirent la direction des affaires municipales en des circonstances pénibles. Ils ont été, dans leurs délicates fonctions, admirablement secondés par des conseillers municipaux, MM. Cultru, Sainte Beuve, Fautrat, Frigault, Gandillon, etc.. enfin par M. Calais, secrétaire de Mairie, toujours si dévoué et si actif, qui se sont multipliés pour assurer, en présence du danger, le fonctionnement régulier des services de la ville, à ces heures troublantes. M. Gandillon, conseiller municipal a pris la direction du service des Eaux et s'est acquitté de cette tâche à la perfection. Enfin on peut dire que, grâce à une excellente gestion des affaires municipales, tous les services administratifs ont fonctionné au mieux des intérêts de la ville et des habitants,

LA RUE ROUGEMAILLE

Les maisons viennent de s'effondrer sur la chaussée. A gauche
le feu s'est arrêté à la maison Julien, restée intacte.

HOTEL DU NORD, APRÈS L'INCENDIE

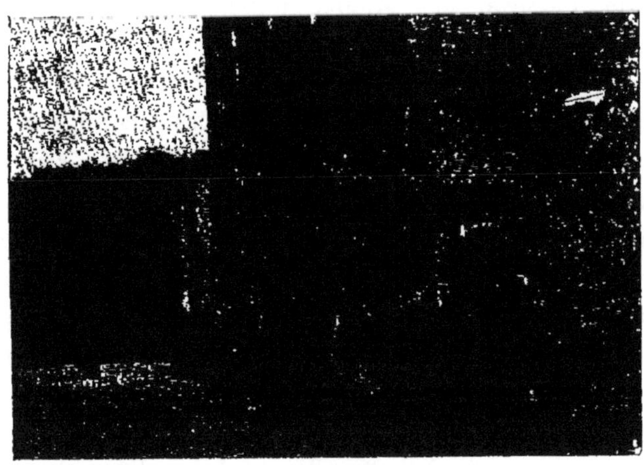

Vue prise de la Rue de la République

Les exécutions sommaires

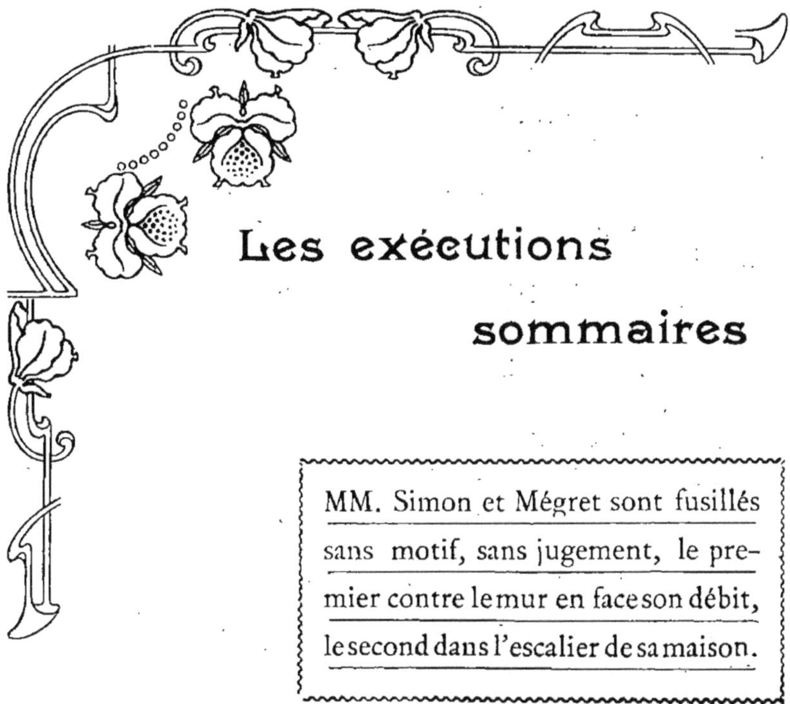

> MM. Simon et Mégret sont fusillés
> sans motif, sans jugement, le pre-
> mier contre le mur en face son débit,
> le second dans l'escalier de sa maison.

Dès leur entrée dans Senlis, les colonnes allemandes se répandent dans les principales rues de la ville. Les soldats, épuisés par les marches forcées qui devaient, — croyaient-ils — les amener rapidement dans la capitale ; ivres de cet espoir et le cœur haineux de la résistance rencontrée sur tout leur passage, n'ont qu'un désir, celui de la brute dont les instincts sont déchaînés, faire bombance. Ils s'attaquent aux maisons fermées dont, à coups de crosse de fusil, ils enfoncent les portes ; et, se précipitant dans les caves, y font une complète orgie de tout ce qui leur tombe sous la main. Victuailles, vins fins, liqueurs, champagne : ils boivent et mangent jusqu'à l'ivresse furieuse, continuent à travers les rues de la ville leurs opérations cyniques dans les rares maisons que les leurs avaient épargnées.

Le 2 septembre, vers 3 heures de l'après-midi, une dizaine de soldats allemands font irruption dans le café-débit de tabac exploité par M. Simon, situé place Saint-Martin, à l'angle des rues de la République et Vieille-de-Paris. M. Simon terminait à ce moment son déjeuner, en compagnie de son beau-père, M. Keith.

— A boire ! commandent ces brutes dans les yeux desquels se lit déjà la lueur de l'ivresse ; à boire !

M. Simon se précipite pour les servir ; et pendant que les uns s'abreuvent largement, les autres s'emparent du tabac et pillent les marchandises d'épicerie qui se trouvaient dans le magasin.

— A boire ! à boire ! encore et toujours !

Il n'y a plus de vin tiré ; M. Simon fait descendre à la cave son beau-père et le garçon de café, on remonte des bouteilles de bordeaux. La chaleur du Saint-Emilion réveille ces forcenés qui déjà somnolaient.

— Du vin ! et plus vite !

Et comme le service leur semble trop long et mal fait à leur gré, ils saisissent violemment par le bras MM. Simon, Keith, et le garçon.

— Vous, avoir tiré sur nous ! vous fusillé !

M. Simon proteste, très-dignement. Jamais il n'a tiré, et d'ailleurs, *il n'y a jamais eu d'arme chez lui*, ce point important nous a été confirmé par Mme Simon, elle-même.

En réalité, des soldats français : tirailleurs algériens ou zouaves, on ne sait au juste, — les deux, peut-être, — embusqués derrière des maisons de la place Saint-Martin avaient tiré sur la patrouille allemande.

M. Simon n'eut pas à protester davantage de son innocence ; mis au mur, il fut exécuté sans jugement et mourut sur le coup. Il était à ce moment, 4 heures de l'après-midi.

Le garçon de café, lui, avait pu s'échapper.

Cependant, M. Keith, placé en avant de la patrouille fut conduit sur la route de Pontarmé. C'est dans ce village, que peu après, une ambulance française le trouva très grièvement blessé. Trop faible pour raconter ce qui s'était passé M. Keith fut transporté à l'hôpital Lariboisière, à Paris ; il y succomba après dix jours de souffrances terribles. On pense que, blessé, il aura voulu gagner Survilliers pour, de là, prendre un train à destination de Paris, mais que la fatigue et la douleur l'auront arrêté.

***

Le même jour, vers quatre heures et demie de l'après-midi, cinq ou six soldats allemands, au casque à pointe, appartenant vraisemblablement à cette même colonne de bandits qui venaient d'assassiner aussi lâchement M. Simon, et dans l'intention de commettre de nouveaux crimes, arrivèrent devant l'établissement de bains exploité par M. Mégret, rue Vieille-de-Paris, en face le Petit Quartier de cavalerie, et dont les portes étaient fermées. Usant de leur procédé habituel pour arriver au résultat qu'ils se proposaient, ils se mirent en devoir d'enfoncer la porte.

— Mieux vaut, pense M. Mégret qui se tenait à l'intérieur avec sa femme, mieux vaut leur ouvrir pour éviter le pillage de la maison et peut-être l'incendie. Et la porte est ouverte.

— A boire ! est leur premier mot.

M. Mégret leur sert tout ce qu'ils demandent ; et eux paraissent assez calmes. Mme Mégret s'est réfugiée dans un manège situé dans la cour, à côté de l'écurie. A un certain moment, les Teutons entrent dans la cour, et Mme Mégret les entend qui causent paisiblement avec son mari.

Allons ! ce n'est qu'une alerte ; ils ne feront pas de mal...

Mais l'un d'eux avisant le cheval, s'approche de l'écurie pour l'en faire sortir. Effrayée, Mme Mégret descend l'escalier qui, au fond du manège conduit au lavoir ; elle ne veut pas être vue, et, de tous ses membres elle tremble. Elle reste là quelques minutes qui lui paraissent des siècles ; l'angoisse l'étreint. Que font-ils ? et pourtant, elle se sent un peu rassurée par l'attitude calme qu'observaient les Allemands vis à vis de son mari, il y a quelques minutes seulement.

Alors elle remonte l'escalier, s'enhardit dans la cour où il n'y a plus personne : les allemands ont emmené cheval et voiture ; et elle pénètre dans la maison. Une douleur atroce l'envahit : dans l'escalier conduisant aux bains, elle voit étendu devant elle le cadavre de son mari qu'une balle a touché mortellement en pleine poitrine...

Et comme tant et trop d'autres: crime abominable qu'aucun motif ne saurait excuser ; crime affreux dont les auteurs resteront inconnus et impunis. Ces derniers paraissaient d'autant moins à craindre qu'ils étaient l'instant d'avant plus réservés que leurs habituels complices du meurtre et de l'infamie,

Encore un foyer aujourd'hui désert, privé du chef de famille, où la femme pleure désespérément son mari qui n'est plus...

Les boucliers vivants

Comment trois jeunes gens causant rue de Villevert, sont arrêtés et placés devant les Allemands pour leur servir de boucliers vivants pendant le combat.

Le 2 septembre 1914, vers 3 heures de l'après midi, un jeune homme, M. Minouflet, se trouvait en compagnie de deux de ses camarades, rue de Villevert. Une colonne allemande déboucha à ce moment.

Haut les mains ! crièrent les soldats teutons.

Les trois senlisiens ne se firent pas répéter l'ordre, sachant trop que la moindre résistance entraînerait pour eux la peine de mort. Des hommes sortirent des rangs, s'avancèrent auprès de nos malheureux compatriotes dont le courage n'avait d'ailleurs faibli à aucun moment, et les fouillèrent brutalement, ne respectant ni papiers ni bijoux, ni argent. Puis, à la manière des lâches dont ils ont donné tant de preuves depuis leur invasion dans notre pays, ils forcèrent MM. Minouflet, Leymarie, Audibert à marcher devant la colonne. Ainsi, le premier coup de feu dirigé contre l'ennemi par nos troupes devait frapper un des nôtres, désarmé.

Et, à la tête des soudards qui les poussaient à coups de crosses ou de plats de sabre, nos concitoyens eurent la suprême douleur de rentrer à l'intérieur de la ville en suivant les rues du Châtel, Vieille de Paris et des Cordeliers, grossièrement insultés par un ennemi ivre de feu et de carnage. Quelles angoisses ! quel chagrin pour ces jeunes gens que de passer devant leur maison qu'ils ne reverraient peut-être jamais !

M. MINOUFLET
arrêté rue de Villevert avec ses camarades et placé devant l'ennemi s'est trouvé au combat de l'hôpital où il a été blessé.

Rue de la République, la petite colonne se rencontre avec le gros de l'armée allemande qui se dirigeait vers la route de Pontarmé : à l'angle de la rue des Jardiniers, l'ennemi s'empare de M. Levasseur et le fait placer en tête des troupes en compagnie de MM. Minouflet, Leymarie et Audibert. Et la marche se prolonge jusqu'à la maison du capitaine Fenwick, du 3e hussards, un peu au delà, et sur la droite, du quartier de cavalerie.

Alors, dans un raffinement de suprême cruauté, les barbares ordonnent à nos quatre compatriotes de se placer au milieu de la route, et leur font prendre le « pas de gymnastique » jusqu'à l'hôpital. Hélas ! le but de cette marche tragique devait être funeste à l'un des nôtres : Le jeune Leymarie qui tomba mortellement frappé par une balle française. M. Minouflet, de son côté, recevait — des rangs de notre armée — une balle dans le genou.

Ainsi se démontrait dans toute son horreur le but poursuivi par l'ennemi en faisant marcher en tête de ses colonnes nos malheureux concitoyens : les premières victimes des balles françaises devaient être des français ! et non pas des soldats qui pouvaient faire usage de leurs armes pour se défendre, mais des civils, sans défense, et dont les vêtements avaient été préalablement consciencieusement fouillés ! Qui dira jamais, et avec les mots qu'il faut, toute l'indignité de tels procédés de guerre, contraires au droit des gens !

Cependant M. Levasseur, aidé de M. Minouflet que sa blessure au genou faisait cruellement souffrir, animé d'un sentiment pieux qui devait lui coûter la vie, avait transporté le long du mur de l'hôpital, pour qu'il ne fut pas piétiné sur la route par les troupes ennemies, le cadavre de M. Leymarie. Puis, il s'employait déjà au soulagement de M. Minouflet en retirant la molletière de sa jambe blessée, quand il fut atteint mortellement par une balle française et vint expirer près du corps de M. Leymarie. De son côté, M. Audibert, pour échapper le plus possible aux balles, s'était couché sur le trottoir.

Et pendant une demi heure ce fut l'atroce angoisse de ce qui allait arriver, au milieu du crépitement des balles et de l'éclatement des obus.

A ce moment un officier allemand s'avança ; à bout portant il tira un coup de revolver dans l'épaule droite de M. Audibert ; celui-ci ne poussa pas une plainte. L'assassin le crut mort. Il vint alors à M. Minouflet et lui commanda de lui faire voir sa blessure ; déjà, notre concitoyen se levait pour montrer son genou fracassé quand la brute lui tira, à bout portant, un coup de revolver dans l'épaule droite, et froidement s'en alla.

Et l'histoire ne connaîtra pas le nom de ce bandit dont l'épaule droite eût dû être marquée du fer rouge d'infamie des forçats !

Enfin, M. Minouflet put se rendre compte, après quelques instants, qu'il n'y avait plus d'allemands dans les parages ; il rampa sur le dos jusqu'au mur de l'hôpital ; et de là, au prix de mille souffrances il put gagner la plaine et parvint à Chantilly à deux heures du matin.

L'horrible cauchemar qu'il avait vécu pendant près de douze heures venait de prendre fin.....

Le Combat de l'Hôpital

> Des otages emmenés par les bar-
> bares doivent marcher avant leurs
> colonnes, exposés aux balles fran-
> çaises ; courageuse conduite de M.
> Tarcy.

Le bombardement de la ville par les Allemands postés à Chamant dura environ une demi-heure. Leurs projectiles paraissaient être dirigés sur la route de Pontarmé et le bois de Paris. Des obus frappent le clocher de la cathédrale, quelques maisons de la place Henri-IV et occasionnent des dégâts à l'hôpital. Le bombardement terminé, les ennemis, vers quatre heures, rentrent par la rue de la République se dirigeant sur Paris. C'est à ce moment que se produit l'arrestation, sans aucun prétexte bien entendu, de personnes inoffensives qui se trouvaient sur le seuil de leurs maisons.

Nous avons eu le plaisir de rencontrer quelques-uns de ces malheureux concitoyens dont les déclarations concordent absolument et il nous suffira de donner le récit de l'un d'eux pour exposer les faits dans toute leur clarté, de cet épisode qui donne un aperçu des atrocités de l'ennemi.

Un employé de la Sous-Préfecture, M. Maurice, se trouvait sur le seuil de sa maison quand la troupe arriva. L'ordre lui fut donné d'apporter quelques seaux d'eau, ce qu'il fait immédiatement. Un officier parlant très bien le français, lui remet une centaine de lettres et cartes postales de soldats français et anglais en lui disant qu'il avait pris ces lettres à la poste où il voudra bien les remettre quand le service sera rétabli. Les seaux d'eau étant vides, M. Maurice se disposait à les remplir de nouveau lorsqu'une vive fusillade éclata à environ 4oo mètres de la ville. C'étaient les Français qui, à ce moment, postés à la lisière de la forêt, ouvraient le feu sur l'ennemi ; à partir de ce moment, l'attitude des Allemands se modifie subitement. Ils deviennent furieux, se mettent en devoir de défoncer à coups de crosses de fusil les portes et les fenêtres des maisons. Un groupe de soldats pénètre dans la maison de M. Maurice qu'il fouille de fond en comble malgré l'assurance du locataire qu'il n'y avait pas d'ennemis cachés. Ils partent non sans emporter tous les comestibles qui leur tombent sous la main. M. Maurice les accompagne jusqu'à la grille de sa maison quand par un surcroît de malchance, il tombe entre les mains de soldats d'un deuxième groupe qui l'empoignent vertement et le conduisent au bord de la rue contre un arbre où se trouvait déjà M. Painchaux rentier. La dernière heure des malheureux allait sonner, car les soldats s'apprêtaient à abattre nos deux concitoyens à coups de revolver, lorsque sur ces entrefaites, d'autres allemands surgissent conduisant M. Dupuis, caissier de M⁰ Chastaing, porteur de la médaille et du brassard de la Croix-Rouge, puis la femme de M. Painchaux accompagnée de celle du concierge de Saint-Vincent avec sa petite fille âgée de 5 ans. Un officier déclara à ce groupe de six personnes qu'on ne les fusillerait pas, mais que ce seraient les français qui se chargeraient de ce soin. Il fit aligner nos malheureux compatriotes sur un rang et leur

M. DUPUIS

Caissier à l'Etude de Mᵉ Chastaing, avoué à Senlis, placé devant la troupe allemande, a été pris entre deux feux au combat de l'hôpital.

ordonna de marcher devant sa troupe.

Au bout de la rue de la République, à la hauteur du faubourg Saint-Martin, les allemands se trouvent exposés au feu français. Ils rasent les maisons tout en ordonnant aux otages de garder le milieu de la chaussée et de continuer d'avancer. Et c'est ainsi que, sur un parcours d'environ 4oo mètres, ces malheureux se trouvent entre deux feux. Par un hasard vraiment providentiel, au milieu de cette fusillade, il n'y a que l'enfant qui a été légèrement atteinte d'une balle à la jambe. La femme et cette enfant trouvent un refuge à l'hôpital et de ce fait, les otages ne sont plus qu'au nombre de quatre.

Un nommé Leblond était étendu sur la chaussée. Il était mort sans doute sur le coup au début du combat. A cet instant les civils avaient gagné une centaine de mètres sur les allemands qui s'arrêtaient de temps à autre pour charger leurs armes et tirer.

A la sortie de la ville les troupes françaises s'apercevant, sans doute, que les allemands, selon leur procédé habituel, s'étaient fait précéder des habitants, arrêtent le feu, car pendant un instant les balles venant de la forêt de Pontarmé ne sifflaient plus. M. Maurice donna l'excellent conseil à ses camarades d'infortune de prendre l'accotement droit de la route et de marcher à l'abri des peupliers qui la bordent, à une centaine de mètres des troupes françaises. M. Painchaux fut atteint dans les reins d'une balle allemande.|Maîtrisant sa douleur il continua de marcher. Arrivés sur la ligne française, nos concitoyens pénètrent dans la forêt dite de « la Muette ». A Pontarmé, un infirmier militaire pansa provisoirement le blessé qui eut le courage de suivre ses compagnons et de faire à pied 13 kilomètres pour gagner Survilliers et prendre le premier train en partance pour Paris,

Le combat qui s'était engagé dans la rue de la République et le faubourg Saint-Martin fut particulièrement violent aux abords de l'Hôpital. Aux personnes que les Allemands poussaient devant eux selon leur habitude pour se faire un rempart, il y a lieu d'ajouter M. Audibert Léon, chaudronnier, Georges Leymarie, âgé de 19 ans, Minouflet et les deux frères Levasseur,

Les barbares les forcèrent à s'arrêter devant la porte de l'hôpital au beau milieu de la chaussée où les balles françaises pleuvaient comme la grêle. Successivement tous les cinq furent touchés et s'abattirent sur le pavé M. Leymarie atteint d'une balle dans l'aine expira sur le champ. Puis M. Minouflet blessé à la cuisse et à l'épaule s'affaissa à son tour, M. Audibert fut frappé d'une balle à l'épaule gauche, M. Denis Levasseur d'une balle à la jambe, tandis que son frère était mortellement touché.

Puisque nous signalons les concitoyens qui se sont distingués au secours de ces épisodes sanglants, nous ne pouvons laisser dans l'oubli le nom de M. Tarcy, entrepreneur de maçonnerie. Notre regretté maire, M. Odent avait demandé à M. Tarcy, dans le cas où la ville serait prise de bien vouloir se rendre à l'hôpital pour assurer le fonctionnement des services et la sécurité des blessés, comme du personnel de cet établissement hospitalier. Notre concitoyen lui promit et tint parole. Il s'acquitta de sa mission dans des circonstances particulièrement périlleuses et avec un sang-froid admirable.

« Quand, nous disait-il dernièrement, tout ce qui s'est passé dans cette journée du 2 septembre, m'apparaît à l'esprit comme une vision, je me demande comment j'ai pu échapper à ces dangers, alors que j'ai vu tomber tant d'infortunés camarades. »

Après le bombardement, voici le combat dans les rues avec toutes ses horreurs. La rage, la fureur des Allemands, qui pensaient rentrer dans la ville sans coup férir, ne connurent pas de bornes. M. Tarcy était à son poste lorsqu'il reçut l'ordre de la sœur chargée de la pharmacie, d'aller chercher quelques médicaments dont on avait un besoin urgent. Il ne se le fit pas dire deux fois, sauta dans sa voiture et courut faire l'emplette des médicaments demandés. L'officine était fermée et il se disposait à aller ailleurs quand il se trouva bientôt en face d'une troupe allemande qui fit aussitôt feu sur lui. Les balles sifflent autour de lui et M. Tarcy comme il l'eût fait pour éviter un encombrement tourne bride et d'un coup de fouet disparaît en reprenant bientôt le chemin de l'hôpital. Il n'était pas au bout de ses peines, comme on va le voir. Quand il arriva à l'hôpital, le plomb des mitrailleuses faisait rage et il se trouvait dans une situation des plus épouvantables : il était pris entre deux feux.

M. TARCY

a rendu de grands services à l'hôpital pendant l'occupation s'est trouvé pris en rentrant avec sa voiture au plus fort de la bataille. A été blessé en dételant son cheval.

Faisant preuve d'une présence d'esprit à laquelle il doit certainement son salut, il rentre sa voiture dans la cour des dépendances de l'hôpital. Il allait dételer son cheval lorsque trois allemands qui avaient sauté le mur au nord le prirent comme cible. Une balle vint lui arracher le cuir chevelu et heureusement ricocha. Aveuglé par le sang, M. Tarcy courut dans les bâtiments principaux. Des médecins majors allemands entraient à ce moment et voulurent forcer l'entrepreneur à transporter leurs blessés dans les salles. Il refusa en montrant qu'il était blessé lui-même. Les Allemands finirent par le soigner. Il accepta alors de remplir le rôle d'infirmier, la besogne d'ailleurs ne manquait pas.

Quelques instants après, M. Tarcy était en train de procéder dans la morgue de l'établissement hospitalier à la mise en bière d'un officier français, lorsque survinrent deux officiers allemands.

— Pourquoi mettez-vous ce français dans un cercueil ? Pourquoi ne pas le mettre tel quel, en terre comme les autres ?

— Parce qu'avant de mourir il en a exprimé le désir.

— Alors vous allez faire deux cercueils en plus pour deux des nôtres.

M. Tarcy dut s'exécuter sous menace d'être fusillé. Et comme la confiance ne régnait pas précisément, c'est baïonnette au canon qu'il fut conduit au cimetière, pour que les Allemands fussent certains qu'il n'y aurait pas de substitution.

Veut-on encore des faits à l'honneur de ce brave Tarcy, qui a échappé miraculeusement aux dangers qui le menaçaient ? C'était le soir : la rue de la République jetait dans la nuit ses sinistres lueurs rougeâtres. Le faubourg Saint-Martin flambait aussi et les flammèches des toitures voisines voltigeaient çà et là menaçant des bâtiments que le feu n'avait pas encore atteints. On commençait à craindre pour l'hôpital. Quelles mesures prendre et comment préserver du fléau cet établissement sous la protection de la Croix-Rouge ? Une bonne sœur vint trouver M. Tarcy et lui fit part de ses inquiétudes en lui rappelant qu'il devait y avoir dans un coin du grenier des tuyaux d'incendie. Le tout était de les utiliser.

« C'est mon affaire » s'écria M. Tarcy et grimpant lestement au grenier, il redescendit aussitôt avec son matériel qu'il installa sous les yeux des prussiens stupéfaits. M. Tarcy s'était improvisé officier de pompiers avec d'autant plus de facilité qu'il avait succédé à Chamant à M. Mahieux père en qualité de lieutenant de pompiers, sous la direction de M. Troncin père. Et c'est ainsi qu'à l'Hôpital, blessés, réfugiés et personnel n'ont pas eu à redouter la cruelle alternative de fuir précipitamment ou de périr dans les flammes.

On le voit, la conduite de notre concitoyen en présence du péril est au dessus de tout éloge. Par sa fermeté, son énergie et sa bravoure il a vivement impressionné l'ennemi lui-même et mérite, à tous égards, les félicitations sincères que nous lui adressons de tout cœur.

Les Maisons épargnées

L'opinion publique cherche à tout expliquer ; il ne doit y avoir pour elle aucun mystère. C'est ainsi que des personnes à l'magination fertile vous diront les raisons qui ont motivé, de la part des Allemands, une indulgence à l'égard de certains immeubles. La vérité est plus simple. Des maisons, comme le Grand-Cerf, par exemple, ont trouvé grâce devant les incendiaires parce qu'elles étaient habitées ou fréquentées par des officiers allemands, d'autres ont bénéficié d'une faveur réclamée et obtenue par des habitants.

Le feu enfin se communiquait d'une maison à l'autre par la toiture. Or si les flammes ont respecté les magasins de M. Julien, rue Rougemaille, c'est tout simplement parce que la toiture de cet immeuble, en raison de son élévation, n'a pas eu à redouter les flammèches des maisons qui flambaient dans les alentours,

Ceci soit dit pour couper court aux bruits les plus fantaisistes qui ont couru à ce sujet.

L'œuvre des Bombes incendiaires

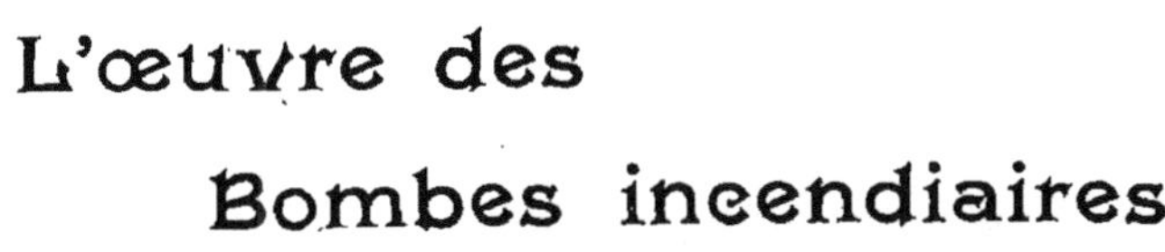

Les rues de la République, Bellon, et du Faubourg Saint-Martin sont en feu. Plus de cent maisons dé-truites. Impressions d'un témoin. Terrifiant spectacle.

Nous ne pouvons donner plus d'attrait à ces récits et d'authen-ticité aux faits, qu'en laissant parler les témoins, ceux qui ont assisté à ces scènes tragiques et conservé de ces visions d'horreur un souvenir qu'on n'oublie jamais.

Après le combat de l'hôpital, l'Etat-Major allemand avait donné l'ordre d'incendier les maisons. La ville entière devait flamber ; les supplications éloquentes de l'Archiprêtre s'élevant contre de pareils procédés de toute la force de son âme touche sans doute l'officier du Grand Cerf. Il promet d'implorer la grâce de la ville auprès du Général. Il est certain que tout d'abord, Senlis devait être entière-ment la proie des flammes.

Voici donc la Licorne, les rues de la République et le Faubourg Saint-Martin en feu. Une immense lueur éclaire l'horizon, une fumée épaisse entrecoupée de gerbes d'étincelles s'élève dans les cieux, inondant la voûte azurée d'une clarté rougeâtre, sinistre.

M. de Maricourt qui s'était porté garant avec M. Carcel d'un soldat allemand pour une question d'otages et de blessés relate dans la *Revue des Deux-Mondes* en quelques pages émouvantes, les impressions d'une pérégrination nocturne à travers la ville au milieu de mille dangers.

...Je « marche » et je demande aussi des garanties pour notre

LA GARE — VUE INTÉRIEURE

Communiqué par M. de Rozycki.

Quelques grenades ont détruit les bâtiments de fond en comble.

retour à tous deux dans cette ville tragique. Le soldat dit alors que si nous rencontrons l'ennemi nous devons lever les bras en criant : Hôpital ! Je ne réfléchis pas beaucoup. Alors commence la satanique promenade, d'une horrible beauté que je n'oublierai jamais... mais je m'arrête... c'est folie d'écrire dans un tel..,

J'oubliais un détail : nous avons su depuis que le général exigeait que deux brancardiers reconduisent le soldat. — Il était formellement interdit de sortir dans la partie incendiée de la ville, cette nuit-là. — Le soldat nous avait dit aussi d'enlever le drapeau français de Saint-Vincent. Je le fais moi-même avec un domestique pour qu'il ne soit pas touché par l'ennemi : je l'embrasse et je le cache.

Dimanche, 10 heures,

Je continue. Cet homme nous emmène donc fusil-baïonnette à la main. Là, pour la première fois, je crois *apercevoir* la mentalité si

étrange de l'Allemand : un homme comme un autre quand il dés-
arme et « en action » un homme qui remplit un terrible sacerdoce,
auquel tout est permis. Il n'a qu'un mot : « C'est la guerre ! »,,,

Mais je reviens à l'aspect de la ville.

Nous arrivons rue de la République. Jusqu'au faubourg Saint-
Martin, ce n'est qu'un immense brasier. A droite et à gauche,
nous sommes « inondés » de lumière par les maisons qui flambent,
crépitent, s'écroulent. Par les vitres brisées je vois les meubles qui
flambent, les cheminées qui tombent ; tout est en feu ; les rares
magasins dont les marchandises crépitent. A gauche, sur les rem-
parts, une grande lueur : on m'a dit que c'était Villemétrie qui
flambait. Je ne suis pas encore fixé sur la nouvelle. Je crois pouvoir
espérer qu'elle est fausse ou, du moins, si nous sommes brûlés,

LA PORTE COMPIÈGNE — TOUT EST ANÉANTI

Communiqué par M. Henry Escavy.

De gauche à droite : L'Octroi, l'Hôtel du Nord, le Restaurant Encausse.

c'est depuis, car on m'a dit que nous avions eu seulement nos vitres
brisées par les obus.

Notre conducteur se fait un plaisir de nous montrer avec admiration les flammes partout. Il s'excite, nous demande des choses que
nous ne comprenons pas ; nous montre une maison qu'il a brûlée
lui-même, une grande auto qui gît, lamentable, sur la voie. —
« Franzosen ! » crie-t-il, en rôdant autour comme un jeune loup apaisé,
mais prêt à montrer les dents ; — nous fait signe d'entrer en avant
dans une auberge toute noire épargnée par les flammes : nous
demande, en vain, bien entendu, — des allumettes et cherche

quelque chose parmi les litres et ailleurs. Je crois bien que ce qu'il cherche, c'est un litre de pétrole, car il ne boit rien et ils ont ordre d'incendier. — Plus loin, dans un petit intérieur coquet, éclairé encore, ironie, par le gaz allumé, il nous fait encore entrer. On se demande un peu ce qu'il veut. M. C. lui montre que les murs sont en flamme et que le plafond pourrait bien s'écrouler ; il n'en a cure ; tranquillement il vide le bureau et il prend une lorgnette, puis il nous dit : « Gut ! Gut ! » en la braquant sur le brasier. — Il ralentit beaucoup sa marche, musarde ; M C., qui est un esprit réfléchi, croit bien que nous ne reviendrons pas. Quant à notre

LA RUE BELLON APRÈS LE PASSAGE DES INCENDIAIRES

Communiqué par M. Leroux.

Le côté gauche de la rue Bellon est détruit. Les Allemands ont essayé, sans succès, de crocheter le rideau de fer de la Société Générale.

homme, il est un peu gris, je crois... Que fera-t-il de nous, une fois à l'hôpital ? Parmi les hypothèses, la plus pénible serait pour moi la pensée d'être, avec force mauvais traitements et fatigues, emmenés prisonniers(1) ; mais... le vin est tiré ! Assez fataliste, je suis la destinée. Nous marchons depuis 15 ou 20 minutes. Maintenant il y

______

(1) Cette crainte était un peu puérile, mais le matin un militaire ami, revenant de Fleurines, m'avait menacé de la fusillade allemande... Il n'a eu que trop raison pour certains malheureux! Et le bruit courait aussi que les Allemands emmenaient chez eux certains hommes âgés de 45 à 50 ans. (Il ne restait que peu de troupes ce soir là à Senlis, mais nous l'ignorions). Par ailleurs, ce départ avec un ennemi ne constituait pas un acte de courage ! Il était alors difficile — se livrant à lui — d'admettre qu'il en abuserait.

a des choses noires par terre ; l'une est calcinée à demi. L'homme
va de l'une à l'autre, nous les détaille au long du chemin : « Franzose, Franzose, Franzose » ou encore à l'une d'elles : « Camarade ».
Ce sont des cadavres. Pas plus de sept ou huit, je crois. Ça paraît
très petit. Aux dépouilles d'un soldat mort il arrache sa baïonnette

L'ŒUVRE DES ALLEMANDS

Co mmuniqué par M. de Rozycki.

M. l'abbé Conen, M., Mme et Mlle Ader, Mme Morand, procédant
au transport de blessés.

et méthodiquement il la brise. Plus bas encore, un vieillard râle sur
le trottoir (1). Une maison est épargnée. Cela rend songeur : « Fran.
zose ? » demande-t-il, « Américaine » lui dis-je, au petit bonheur.
Hélas ! elle ne sera pas épargnée le lendemain, car l'incendie est
réglé et méthodique.

...Enfin, voici l'hôpital. Ignorant que je voulais voir le major, M.
C. fait très justement observer que notre mission est terminée ?
« *Nein !* » répond l'homme.

Il nous mène dans les dortoirs encombrés de blessés français.

____

(1) J'ai oublié de dire que nous avions pu, quelques instants plus ta·d,
le ramasser et le ramener à l'hôpital. C'était Frigaut. Cet acte de charité
est uniquement dû à l'initiative de M. C. qui obtint cette permission pendant que je causais au major allemand.

Toujours leur but : nous montrer leur force. Quelle joie de voir dans cet enfer une figure amie, l'aumônier, qui me dit : « Ils sont un peu calmés, mais furieux d'être traités de barbares. »

Ils sont sûrs de leur mission et de leur victoire. — Pendant que nous causons à voix basse, le petit incendiaire détrousse avec diligence les effets militaires, mais il donne à l'aumônier les boîtes de pansement qu'il trouve.

Je désirais voir le major. C'est utile pour l'intérêt général et particulier. Il est dans le dortoir des Allemands, beaucoup plus nombreux. Il est couché et éreinté ! Il promet de venir le lendemain matin voir notre blessé ; mais il n'est pas venu. Tout le jour, l'hôpital a été criblé de balles et de mitraille et les malades n'en menaient pas large. Je demande au major qu'on épargne au moins les maisons religieuses ou sont réfugiés les malheureux. Il me répond en bon français qu'il part le lendemain, mais qu'il transmettra ma demande et tâchera de réussir(1), une excellente dame qui est là (2) et parle allemand a déjà adouci les choses, ainsi que la Supérieure et l'Aumônier.

Enfin, on crie quelque chose à la sentinelle et on nous laisse partir. Et, le lendemain, le même Allemand voulait donner une bicyclette volée à un domestique du collège et des bonbons à la fille de Pierre !... Puis, chaque jour, il revenait en chien fidèle. Pierre nous a dit que ce petit ennemi était « très méfiant ». Il racontait avoir tué le jour même un civil qui tirait sur eux et avoir blessé par mégarde une petite fille, à laquelle le lendemain il apportait 10 *marks*. Etrange mentalité des temps de guerre ! Le fait est exact et m'a été confirmé à Saint-Lazare : seulement le civil ne tirait pas. (3)

Au retour, — sauf un malheureux brancardier qui s'était dissimulé à notre vue, — pas une âme, pas un bruit, si ce n'est celui des flammes. Ça brûle, sur notre chemin, d'un feu d'enfer. Il doit être minuit et demi. M. C. et moi nous croyons vivre un rêve...

---

(1) Je ne me fais d'ailleurs aucune illusion sur cette démarche.

(2) Mme la baronne Mou...

(3) Ce malheureux était un nommé Eckès, ouvrier inoffensif. Une enquête approfondie m'a permis de savoir que c'est devant son cadavre à demi calciné que notre compagnon — le meurtrier — s'arrêta longuement. Je n'ai d'ailleurs connu ce sinistre détail que plus tard.

M. l'Archiprêtre Dourlent est arrêté

Accusé d'avoir laissé tirer du clocher, M. l'Archiprêtre proteste énergiquement. Il est acquitté et obtient que la ville ne soit pas entièrement incendiée.

Le Mérite Civil

CITATION A L'ORDRE DU JOUR

En raison de son attitude courageuse, énergique, le Gouvernement a cité à l'ordre du jour M. l'Archiprêtre Dourlent, curé de Senlis.

Voici le texte de cette citation.

« M. l'abbé Dourlent, archiprêtre de Senlis (Oise), parcourut la ville pendant le bombardement, indiquant les abris et prévenant la panique. Pris comme otage et sachant que la ville allait être incendiée par représailles, demanda une enquête au commandant allemand et se porta garant de l'innocence de ses concitoyens, s'offrant à être fusillé si ses affirmations n'étaient pas reconnues exactes.

Pendant que les Allemands entraînaient le malheureux maire à l'Hôtel du Grand-Cerf, des soldats cyclistes débouchaient sur la place Notre-Dame, enfonçaient la porte latérale du grand portail et attaquaient la porte du clocher à coups de haches. Au vacarme de ces cambrioleurs, M. le Curé sort du presbytère. Au même moment le crépitement de la fusillade se fait entendre.

« Vous prisonnier ! » dit un officier d'une voix courroucée, en s'adressant au curé. « Montez ! » ajouta-t-il en lui faisant signe de précéder l'escorte. M. le curé s'exécute, non sans protester contre cette arrestation arbitraire et brutale. On visite le clocher. On constate que pas une âme ne s'y trouvait, et, l'inspection des soldats terminée, on redescend. Puis après avoir entendu le rapport de ses subordonnés, l'officier s'incline respectueusement et salue l'archiprêtre dont il prend congé. Une demi-heure se passe, lorsque le concierge de la mairie se présente à la cure et déclare à M. l'Archiprêtre que, par ordre de l'Etat-Major allemand, il doit se considérer prisonnier et se rendre comme otage à l'hôtel du Grand-Cerf, sous peine de punition sévère. La situation devenait grave évidemment et le Curé de Senlis, quoique n'ayant rien à se reprocher tombant sous le coup des lois de la guerre, n'ignorait pas que les Allemands ne sont pas souvent embarrassés quand il s'agit de trouver un prétexte pour commettre des atrocités.

Au milieu de l'activité qui règne dans les salons de l'hôtel, l'Archiprêtre Dourlent demande à parler au général. Il prend place sur un siège en attendant d'être reçu et assiste à un défilé d'officiers qui prennent le champagne et des sandwichs, mais pas un d'eux ne parlait français. M. le curé acquit bientôt la conviction que l'Etat Major ne se trouvait pas là et qu'il était peut-être inutile, personne ne pouvant le renseigner, d'attendre plus longtemps. Il quitte l'hôtel sans être autrement inquiété et se rend à la mairie, dont il trouve les salles et les bureaux éclairés comme les allemands en avaient donné l'ordre. L'hôtel de ville est désert, M. Calais, resté fidèlement attaché à ses fonctions, avait suivi M. Odent, le maire, pour se mettre à sa disposition et en cette triste circonstance lui donner une nouvelle preuve de son dévouement. Enfin d'autres personnes qui se trouvaient à l'arrivée des Allemands à l'hôtel de ville avaient tout naturellement regagné leurs maisons ou le refuge le plus pratique.

Toute réflexion faite, étant constitué otage sur parole, le Curé estime qu'il n'y a pas à hésiter et qu'il doit se présenter devant ses juges. Résolument il reprend le chemin du Grand-Cerf et dans le véstibule croise un officier qui demandait du champagne en français.

— Le général, lui dit M. l'Archiprêtre, m'a donné ordre de me constituer prisonnier. Me voici ! Que dois-je faire ?

— Vous curé Senlis ? dit l'officier.

— Oui, Monsieur,

— Restez ici, riposte l'officier, vous serez en sûreté.

Paraissant soucieux, après une minute de pause, l'Allemand reprend : Pauvre Senlis ! Pauvre Curé ! Senlis condamné, nouveau Louvain. On a tiré sur nous. Officiers et soldats tués. Voyez : premier châtiment, cette rue qui brûle. Senlis, cette nuit, subira le même sort. Demain, plus une maison debout.

L'archiprêtre, à ce langage, était comme suffoqué. « Ce n'est pas possible, vous ne commettrez pas ce crime ; on n'a pas tiré sur vous. C'est l'armée française qui a fait le coup de feu tout à l'heure, près de l'hôpital.

Je proteste énergiquement.

— Soldats contre soldats, répliqua l'officier, c'est la guerre, mais civils et prêtres ont tiré sur nous à Louvain dans la rue et du haut du clocher. Ici de même. »

Le Curé reprend vivement : « Je ne sais ce qui s'est passé à Louvain, mais de la cathédrale et du clocher personne n'a tiré ici. Seul, j'avais la clé du clocher, depuis le commencement des hostilités. Je ne l'ai donnée à personne ; dans la matinée je suis monté dans la tour pour assister à la bataille sans lorgnette et surtout dans le but de donner des conseils à mes paroissiens et, suivant l'issue du combat, indiquer la direction à prendre à ceux qui voudraient fuir. Vous supposez bien que je ne suis pas capable de monter une mitrailleuse dans le clocher *(l'Allemand sourit)*. Je vous dis la vérité, reprit le Curé en terminant, faut-il en faire le serment ?

— Inutile ! vous prêtre catholique, vous sincère, je le vois.

— Menez-moi auprès du général qui m'a donné l'ordre de me constituer comme otage. J'ai besoin de lui donner des explications.

— Non, il y a danger pour vous à vous présenter à l'Etat-Major, je ferai mon rapport au général, mon proche (sic), je ferai tout pour obtenir la grâce de votre ville.

M. le Curé, en suppliant l'officier de le présenter au général, avait un double but, venir au secours de M. Odent, obtenir sa grâce et le salut de Senlis. Ses instances furent vaines, à son grand regret il dut renoncer à son projet. « En ce cas, dit-il à l'officier, puisque vous ne pouvez me présenter au général, je suis chez moi et ma porte est ouverte, il peut m'envoyer chercher quand il voudra ».

Sur ce, l'officier s'incline et disparaît. M. le Chanoine Dourlent rentre chez lui, il pouvait être minuit. Nuit d'insomnie avec la perpective que d'un moment à l'autre on l'enverrait chercher pour comparaître devant des juges plus impitoyables qui appliqueraient sans préambule, la terrible sentence. Il n'en fut rien comme le lui avait fait entendre, dans le cours de la conversation, l'officier allemand. Grâce à son heureuse intervention, à son énergique protestation, la ville n'a pas été complètement incendiée.

D'autre part, M. l'Archiprêtre, pendant l'occupation, du premier au dernier jour, n'a pas manqué un seul instant, et souvent au péril de sa vie, de prodiguer à ceux qui sont restés les meilleurs conseils, les plus salutaires encouragements pour leur permettre de supporter courageusement ces terribles épreuves qui ont marqué les sanglantes journées de septembre. Oui, c'est au péril de sa vie que M. le curé archiprêtre, a donné à ses paroissiens, au moment du danger, les preuves de son plus entier et plus précieux dévouement.

Pendant l'invasion, il suffit, dans des moments difficiles comme ceux que Senlis a traversés, de quelques citoyens courageux, au sang-froid éprouvé, pour sauver une ville d'un désastre. Ah ! on comprend que la conduite d'un homme comme notre curé ait fait l'admiration des ennemis eux-mêmes. M. l'archiprêtre Dourlent, au mépris de sa vie, marchait au devant du martyre comme les premiers chrétiens devant les bêtes fauves. De tels exemples de dévouement sont dignes de passer à la postérité. Ils nous rappellent les plus beaux holocaustes qui ont illustré les premiers siècles de la chrétienté.

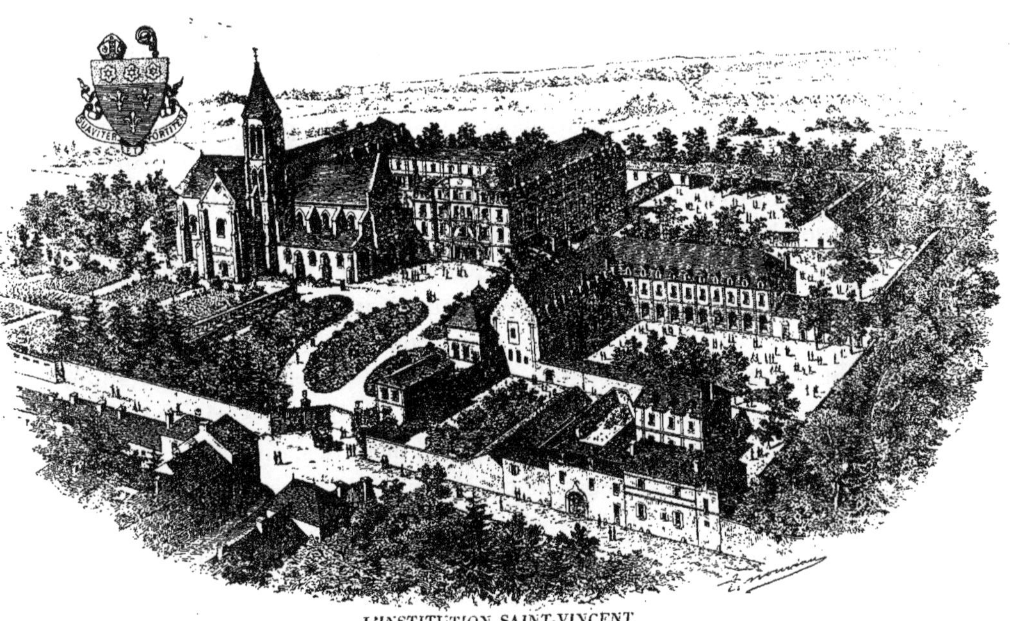

L'INSTITUTION SAINT-VINCENT

L'ambulance de l'Institution Saint-Vincent

Nous l'avons dit en débutant, une ambulance avait été installée à Saint-Vincent par les soins du distingué Directeur de la maison d'éducation M. l'abbé Conen. Cette ambulance, on le verra dans les récits qui vont suivre, rendit de grands services pendant l'invasion. M. l'abbé Conen, habilement secondé par le sympathique préfet des études, M. l'abbé Bresson, rencontra autour de lui des personnes qui ne vivent que pour faire le bien, dont le plus doux passe-temps est de soulager les misères d'autrui par tous les moyens en leur pouvoir. Le docteur Ader, quoique retenu à l'Hôpital, se transportait à Saint-Vincent quand on faisait appel à ses dévoués services. Les Dames de la Croix-Rouge et les Dames de la lingerie, de l'Infirmerie, de la cuisine faisant partie du personnel de l'Institution, apportèrent leur précieuse assistance auprès des malades. MM. Sainte-Beuve et Fautral, si connus par leur charité, leur sollicitude à l'égard de ceux qui souffrent, ne pouvaient manquer une si belle occasion d'exercer uti'ement une philanthropie que les infortunés et les malades ont si souvent appréciée. Je n'aurai garde d'oublier M. Henri de Maricourt, consul à Mons, et son frère, notre distingué confrère, M. André de Maricourt. Leur intervention courageuse, leur initiative généreuse, en bien des circonstances particulièrement graves, ont aplani bien des difficultés avec un ennemi autoritaire, orgueilleux, brouillé le plus souvent avec la plus élémentaire logique, la saine raison. Un fonctionnaire, M. Carcel qui avait refusé de quitter la ville, accompagna M. A. de Maricourt dans des excursions délicates, périlleuses à travers la ville au milieu des dangers qu'offraient l'incendie ou les patrouilles apparaissant à tous les coins de rue. Il y a aussi un brave jardinier du nom de Thieux qui s'est improvisé, pour la circonstance, infirmier et qui, de cette façon, a rendu de véritables services à l'ambulance.

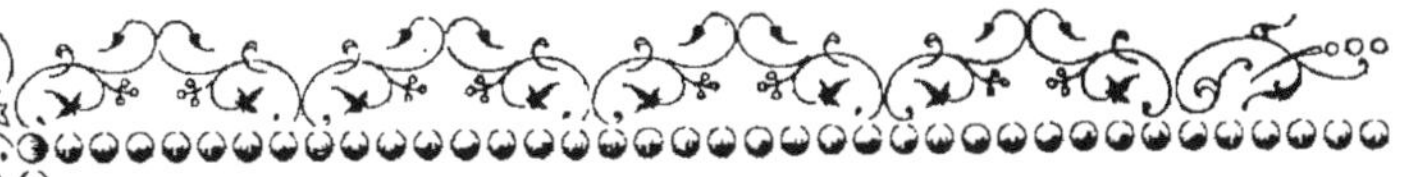

Pour sauver un Blessé !

La nuit, M. le Supérieur de Saint-Vincent et M. Leroux vont à la recherche d'un blessé derrière l'hôpital. Ils le ramènent à Saint-Vincent où il reçoit les soins d'un major allemand.

M. l'Abbé CONEN
Supérieur de Saint-Vincent

L'épisode, dont on va lire les détails intéressants, était en réalité peu connu de Senlis. Les concitoyens qui en ont été les acteurs passaient avec soin sous silence un acte qu'ils estimaient avoir accompli tout simplement comme un devoir impérieux au mépris du danger.

Nous avons appris indirectement ces faits et, d'après les détails parvenus à notre connaissance, nous avons pensé qu'il serait regrettable de priver nos lecteurs de cet épisode digne de figurer dans l'histoire de Senlis pendant la guerre de 1914.

Nous avons eu recours, pour nous documenter, à l'amabilité

d'un de nos bons amis, M. Leroux, l'un des modestes acteurs de cette scène, et par conséquent bien placé pour nous la raconter.

Après avoir longtemps hésité, M. Leroux veut bien céder à nos instances et nous retrace avec la plus grande simplicité et en toute sincérité les détails de cet épisode. Nous lui laissons la parole.

« Le jeudi soir, 3 septembre, vers sept heures et demie, le D' Ader m'avise qu'on lui a signalé un blessé français dans les champs derrière l'hôpital. Il ajoute qu'il n'y a plus de place à l'hôpital, rempli de blessés, et qu'il ne possède aucun moyen de transport pour ce soldat blessé, mais toutefois il importe de ne pas le laisser passer une nouvelle nuit sans soins et qu'il est peut-être possible de trouver ce qu'il faut à Saint-Vincent.

Je me dispose à aller à Saint-Vincent, lorsqu'un passage de troupes allemandes m'incite à attendre un moment plus opportun.

Je dîne rapidement.

Vers huit heures et demie, Benoit vient chez moi pour une cause qui ne me revient pas à l'esprit.

Connaissant les émotions par lesquelles il a passé la veille, j'hésite un instant à lui parler de ce que le docteur Ader m'a dit.

Je surmonte cependant mon hésitation, et lui expose la situation. Sans attendre aucune proposition de ma part, Benoit me dit immédiatement : « Il faut aller le chercher. Allons voir M. le Supérieur de Saint-Vincent. »

Nous passons chez M. l'Archiprêtre que Benoit a besoin de voir et nous nous dirigeons ensuite sur Saint-Vincent. En descendant la rue du Chancelier-Guérin, nous apercevons une clarté inaccoutumée à la Licorne : c'est tout le quartier qui achève de se consumer.

. L'épicerie Ygouff est complètement détruite ; quelques maîtresses poutres ne sont qu'un brasier, des morceaux de vitres se détachent et tombent sur des débris de toutes sortes avec un bruit strident dans un calme comparable à celui du désert. Pour pendant à l'épicerie, la maison du sellier, celles du charcutier et du boucher, un monceau de ruines fumant encore.

Les moellons sont venus tomber en face au pied des maisons. Et il faut enjamber sur le trottoir ces matériaux pour pouvoir passer.

Empoignés par l'aspect tragique et sinistre des rues, nous échangeons — à voix basse — nos douloureuses impressions et nous continuons notre chemin par la rue Bellon et la rue Saint-Yves, pour éviter – croyons-nous — la rencontre de soldats allemands,

A Saint-Vincent, la cour est occupée par des voitures d'ambulance allemandes. On en descend des blessés aussitôt transportés dans les salles de l'Institution.

M. le Supérieur, l'abbé Conen, mis au courant de notre visite, est désolé de ne pas avoir à sa disposition un moyen de transporter le soldat français. Mais réflexion faite, et avec une résolution courageuse, il va voir le major allemand, lui expose le fait et lui demande s'il consentirait à prêter un brancard.

De bonne grâce, celui-ci accepte la proposition et les ambulanciers allemands mettent le brancard à notre disposition.

« M. le Supérieur se munit d'un falot et nous voici en route pourvus d'un sauf-conduit délivré par le major.

Tout d'abord il nous faut aller rue de la Fontaine-des-Arènes, voir M. Delobelle qui, seul, peut nous indiquer l'endroit où se trouve le blessé. Rue de Meaux, l'incendie est encore en pleine activité à la Sous-Préfecture et nous avons des craintes sérieuses pour les écoles et le musée.

M. Delobelle nous indique, autant que la nuit peut le permettre, l'endroit où il croyait que se trouvait le blessé. C'est en passant par le Pont du Chemin du Roi, à droite du Chemin de l'Epée. Le malheureux devait être entre deux cadavres de soldats.

« Nous continuons notre chemin et arrivés à l'endroit probable, nous cherchons du côté indiqué par M. Delobelle. Nous apercevons deux corps et, en approchant, nous nous trouvons en présence du cadavre d'un soldat français. Deux trous béants à la trachée artère nous donnent l'impression qu'il n'a pas dû souffrir. Nous cherchons sa médaille, il n'en a pas. L'autre cadavre, un soldat prussien, n'offre rien de particulier et nous le laissons pour continuer nos recherches.

Nous avons cependant l'occasion de faire une constatation qui présente un certain intérêt : les fusils Lebel qui sont sur le terrain ont été tous brisés. A une centaine de mètres à droite du chemin de l'Epée, c'est-à-dire du côté de l'hôpital, il n'y a que les corps des deux soldats tués ; mais de blessé, point.

Nous passons à gauche du chemin et à une cinquantaine de mètres nous trouvons enfin celui que nous cherchons.

Il a eu le genou gauche frappé par une balle et il lui est impossible de remuer la jambe.

Il est bien tombé à l'endroit indiqué par M. Delobelle, mais fatigué d'une longue attente (il dit et il croit qu'il y a trois jours qu'il est là) il s'est laissé rouler sur la pente du terrain, au prix de souffrances pénibles, jusqu'au point où nous l'avons trouvé. M. le Supérieur qui a emporté un cordial, lui en fait prendre quelques gorgées et nous nous mettons en mesure de placer le blessé sur le brancard.

« Avec beaucoup de courage et en se prêtant à toutes les précautions que nous imaginons, notre pauvre blessé est transbordé sans trop de souffrances. Et nous nous mettons en route pour Saint-Vincent,

M. le Supérieur nous précède et, avec toute la sollicitude que l'on ne trouve que dans les âmes généreuses, nous signale les obstacles qui peuvent nous faire buter et occasionner des souffrances au blessé.

Nous sommes descendus par la rue Quémizet.

La place Saint-Martin ne le cède en rien, comme vision sinistre, au quartier de la Licorne et le bruit des poutres qui crépitent ou qui tombent dans le foyer, des vitres qui se brisent, les étincelles qui par instants surgissent comme un bouquet de feu d'artifices, tout cela, entendu, vu à minuit, sans aucun secours, dans la désolation de l'abandon, avec un blessé sur un brancard, tout cela est singulièrement impressionnant. C'est lugubre, et, d'instinct, c'est à voix basse que nos conversations s'échangent.

M. LEROUX
de la Place Lavarande

Au coin des rues de la Bretonnerie et de la République, même vision à gauche et à droite : tout en feu sauf le débit Dekerpel en face.

Place Saint-Martin nous avons à nous garer des fils téléphoniques qui trainent à terre, mais rue de la République les précautions contre les nombreux fils télégraphiques qui encombrent souvent la voie sont plus laborieuses.

Au cours d'une halte, pour nous reposer, un peu avant la maison de M. Fournier, une automobile venant de la porte de Creil nous croise. Elle a dû ralentir son allure pour contourner les débris qui jonchent la rue à divers endroits.

Par qui est-elle occupée ? Il nous est impossible de le savoir. Mais au passage, à la lueur des incendies et du falot, nous apercevons distinctement quelques canons de revolvers braqués dans notre direction.

L'auto passe se dirigeant sur Paris.

Au coin de la rue du Temple, une patrouille allemande nous intime l'ordre d'arrêter. Elle examine méticuleusement le sauf-conduit que lui présente M. l'abbé Conen et vient voir le blessé. Les soldats allemands paraissent s'intéresser à la situation du malheureux et lui témoignent de la commisération.

Pour éviter la chute possible des corniches de la Sous-Préfecture, nous prenons la rue du Temple pour aboutir rue de Meaux et à Saint-Vincent.

✠ ✠ ✠

« A notre arrivée, il y a plus d'une heure et demie que le major allemand a terminé les soins que nécessitent ses blessés. Mais il a tenu à ne pas rejoindre son régiment avant d'avoir vu et pansé le blessé que nous venions de chercher.

Il est environ minuit. Nous assistons au pansement qui est fait avec beaucoup de douceur par le major. Et nous nous dirigeons, Benoit et moi, munis d'un sauf-conduit, vers nos habitations.

Nous passons rue des Vignes et, fait bizarre, je ne me rappelle pas avoir vu de maison brûler dans cette rue. Nous rejoignons la rue de la République par la rue des Bordeaux.

A ce moment, la maison de M. Delaporte est complètement détruite, la maison de M. Charpentier brûle encore, mais l'étude et la maison de M. Langlois sont intactes. En passant par la Halle, nous apercevons un occupant dans le magasin de Boucher-Bernoux. Il vient sur le pas de la porte pour nous regarder. Nous ne cherchons pas à approfondir le mystère et nous rentrons chacun chez nous.

Tels sont, nous dit en terminant notre aimable interlocuteur, les détails d'un acte de simple fraternité, qui n'offre d'autre intérêt que d'avoir été accompli dans un cadre tragique.

Au mérite d'avoir rempli leur devoir dans des circonstances périlleuses, ces braves dont nous venons de conter l'histoire, ajoutent une modestie qui leur fait honneur. Quand M. Leroux eut terminé son récit, nous lui demandons s'il n'avait pas eu, lui et ses compagnons, en traversant la ville incendiée et sillonnée par des patrouilles allemandes, le souci des dangers auxquels ils s'exposaient. « Non, répondit mon interlocuteur. Nous n'avions qu'une idée : arracher à une mort certaine le blessé dont on nous avait signalé la présence derrière l'hôpital. Nous avons fait simplement notre devoir. »

Voilà qui se passe de commentaires. N'est-il pas vrai que de tels actes d'héroïsme sont réconfortants et méritent de figurer dans les épisodes de la guerre de 1914 ?

Deux personnages mystérieux

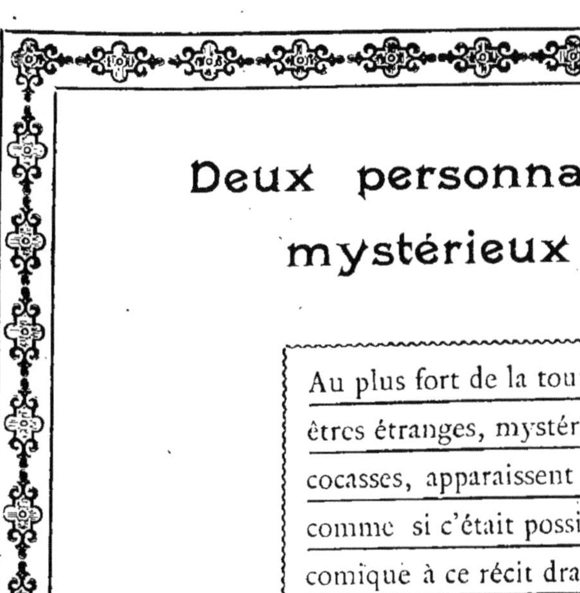

A la fin du bombardement, au moment où les Allemands faisaient irruption dans la ville, quelques témoins ont pu constater la présence, sur la voie publique, de deux individus étranges qui n'avaient pas l'air de se douter de la gravité de l'heure présente et du danger qu'il pouvait y avoir de narguer impunément l'envahisseur.

Des patrouilles parcouraient les rues presque désertes cueillant brutalement le malheureux passant attardé ou, comme on l'a vu, pénétrant dans un magasin pour s'emparer des paisibles citoyens accourus au bruit des vitres qui volaient en éclats. Au moment où chacun avec une prudence bien naturelle se terrait dans sa cave ou dans une pièce soigneusement verrouillée, on a pu distinguer un homme à cheval venant par la rue du Puits-Tiphaine, traverser la place Lavarande et prendre la rue aux Coquilles pour se rendre rue de Beauvais. Ce cavalier allait au pas et ne paraissait pas s'inquiéter de ce qui se passait autour de lui. Son costume était celui d'un domestique, d'un garçon épicier ou boucher portant un tablier qu'il avait légèrement relevé sur le côté. Il avait les allures d'un homme revenant de l'abreuvoir, de la prairie ou de la forge et se rendant à l'écurie pour atteler ou panser son animal. Cet individu, inconnu des personnes dignes de foi qui l'ont aperçu, a passé au nez et à la barbe des factionnaires qu'il a regardés avec indifférence et sans être le moins du monde inquiété par ceux-ci.

Quel pouvait être ce mystérieux personnage qui a disparu avec le calme, le sang froid d'un homme qui se promène bien tranquillement sans s'occuper du péril auquel il s'expose avec une désinvolture vraiment déconcertante ?

Place du Chalet, un tableau d'un autre genre s'offrait à la vue des rares passants, qui se pressaient de rentrer chez eux pour éviter la rencontre, toujours désagréable, d'une patrouille à la recherche de victimes à conduire au champ d'exécution.

Assis par terre et adossé contre le Chalet, un homme ayant toutes les allures d'un disciple de Bacchus, tenait en mains une bouteille et buvait à la « régalade ». Il fut interpellé par des soldats qui lui intimèrent l'ordre de les suivre. Le soi-disant « poivrot » ne se le fit pas dire deux fois, mais se leva sans laisser paraître la moindre émotion et fut emmené par la patrouille avec certains égards que n'ont pas connus hélas ! d'honorables citoyens, brutalisés par les sujets du kaiser, sur la route de Chamant. Ce personnage mystérieux a disparu également sans laisser de traces et on peut affirmer qu'il n'a pas été exécuté puisque tous les malheureux passés par les armes ont été identifiés.

On a tout lieu de croire que le pseudo-jardinier et le buveur à la « régalade » n'étaient autres que des espions qui servaient d'indicateurs à l'Etat-Major allemand. Quoi qu'il en soit, l'apparition de ces êtres étranges, dans des circonstances si dramatiques, provoquait chez nos concitoyens qui ont eu l'occasion de les rencontrer une stupéfaction bien compréhensible et que le lecteur partagera certainement.

L'Hôpital pendant l'invasion

> M. Dufourmentel administrateur,
> avec le concours dévoué des sœurs
> du Docteur Ader et de MM. Tarcy
> et Prévost assure les services de
> l'établissement hospitalier.

M. DUFOURMENTEL
Administrateur de l'Hôpital

Le lundi 31 août 1914, M. Odent, maire de la ville de Senlis, recevait à son cabinet à l'hôtel-de-ville, M. Dufourmentel, administrateur des hospices.

— Puis-je compter sur votre concours, à l'hôpital ? interrogea M. le maire.

— Je resterai à Senlis et ferai tout mon devoir, fut la réponse de M. Dufourmentel.

En raison du danger toujours possible d'un bombardement que l'approche de l'ennemi rendait plus redoutable, nombre d'habitants on le sait, avaient quitté la ville.

Et c'est ainsi que M. Dufourmentel resta seul administrateur du bureau de bienfaisance, venant à l'hôpital chaque jour de 8 heures du matin à 5 heures du soir, et ne prenant que juste le temps nécessaire pour ses repas. Son rôle fut particulièrement ingrat ; sa tâche lourde et difficile. Il s'en acquitta pourtant de façon parfaite grâce à l'énergie, au tact et au dévouement dont il ne cessa de faire preuve et au concours précieux que lui prêtèrent les Sœurs, MM. le docteur Ader, Tarcy, Prévost et le personnel tout entier. C'est lui qui, chaque jour, s'informait auprès de la supérieure de l'hôpital des besoins de l'établissement : linge, médicaments, épicerie etc...

Certain jour, qu'en compagnie de réfugiés M. Dufourmentel ramenait en voiture à l'hôpital un lot important de chemises, un soldat allemand ne s'avisa-t-il pas d'en dérober un paquet ? Mais l'administrateur veillait ; et comme le voleur allait s'enfuir avec son butin, il l'arrêta et, d'autorité, lui arracha des mains le paquet. Le teuton n'insista pas. Un autre jour, — et cela démontre bien comme était nécessaire à l'hôpital l'autorité d'un homme, — M. Dufourmentel est saisi des doléances de la supérieure. Les réfugiés, venus là très nombreux, et abusant de la bonté des religieuses déjà très surmenées, protestaient avec force contre la nourriture qu'on leur servait ; et certains pensionnaires n'avaient pas craint de faire cause commune avec ces mécontents. L'administrateur intervint. Très paternellement, mais très fermement aussi, il déclara que de telles scènes ne devraient se reproduire à aucun prix. Ce n'est pas, parce que nous sommes en guerre qu'il faut prétendre élever le ton ; il faut, au contraire, dit-il, subir les conséquences du moment. Et tout rentra dans l'ordre. Mieux, pour éviter le retour de pareils faits, et permettre de préparer plus rapidement la nourriture des réfugiés, M. Dufourmentel fit chercher à ces fins, chez

M. ADER

Docteur en Médecine a prodigué ses soins aux blessés de l'Hôpital, et de Saint-Vincent avec un zèle, un dévouément auquel la population a été unanime à rendre hommage.

M. Barbier, rue de Paris, par MM. Tarcy et Prévost, des fourneaux supplémentaires,

En d'autres circonstances, M. Dufourmentel eut à prendre la défense des malades, blessés et hospitalisés confiés à sa charge.

Le pain vint à manquer un jour. Aux portes de chaque boulangerie l'ennemi avait établi des sentinelles, et défense était faite d'entrer. L'administrateur ne se tint pas pour battu ; il intervint auprès de l'autorité militaire et finit, après bien des pourparlers par obtenir la demi-ration. La cause était au moins partiellement gagnée ; et nul, à l'hôpital, s'il dut réduire sa portion, n'eut vraiment à souffrir de la faim. Un fait semblable se représenta à quelques jours de là ; mais ce fut, cette fois, à un Intendant militaire de l'armée française que M. Dufourmentel eut à s'adresser pour obtenir au moins la demi-ration de pain qu'il demandait.

Le 4 septembre, vers 11 heures 1/2 du matin, alors que de retour de l'hôpital il venait prendre son repas à son domicile, route de Compiègne, M. Dufourmentel fut informé par sa bonne que, peu d'instants avant, un capitaine à cheval, accompagné de vingt cinq hommes avait emmené Mme Dufourmentel.

M. PRÉVOST Alfred s'est mis à la disposition de l'Hôpital et avec M. Tarcy sous les ordres de la supérieure et de M. Dufourmentel a assuré le fonctionnement régulier des services de cet établissement.

— Conduisez-moi immédiatement à la ferme Compiègne, avait dit le capitaine, chargé de ramener des vaches et des veaux pour le ravitaillement.

— Prenez à gauche, commença Mme Dufourmentel.

Mais le capitaine coupa : «...vous allez nous y conduire, nous n'avons pas beaucoup de temps à disposer. »

— Soit ! mais vous ne me ferez pas de mal ?

— Non, non !

M. Dufourmentel se précipita, rejoignit la colonne et dit au capitaine : « Je suis le mari de cette dame, je vous prie de la relâcher ; je vais vous conduire.... »

— Accompagnez nous, répondit l'officier ; soyez tranquille nous ne vous ferons pas de mal.

La petite colonne arriva à la ferme Compiègne où il fut répondu que les animaux étaient dans les paturages à vingt minutes de là,

— Allez me chercher une vache et un veau, dit le capitaine à M. Dufourmentel ; il y a encore deux fermes dans ce village.

Près du moulin Saint-Rieul, au milieu d'un champ, l'Allemand avisa une petite cabane en planches.

— Qu'y a-t-il là dedans ?

— Je ne sais...

Deux hommes sortirent des rangs, défoncèrent la porte et ramenèrent une vache et deux gros veaux appartenant à Mme Lebon jeune ; ces animaux furent enlevés sans réquisition régulière.

— Nous allons vous reconduire, dit le capitaine à M. et Mme Dufourmentel. Et quand ceux-ci furent arrivés devant leur porte, l'officier demanda : « N'auriez-vous pas un cordial ? Je me sens l'estomac très délabré. »

M. Dufourmentel alla chercher une bouteille de madère, et deux verres, pensant que l'Allemand le ferait boire lui-même avant de goûter à la boisson. Mais l'officier but un verre en disant : « Je bois à votre santé, Monsieur et vous Madame. »

Puis il entama la conversation.

— Triste chose que la guerre ; vous subissez ce que vous avez voulu...

— Jamais de la vie, interrompt M. Dufourmentel, ce n'est pas nous qui avons voulu la guerre, c'est l'empereur Guillaume ; ce n'est pas la guerre que vous faites là, vous avez brûlé la moitié du pays.

— Nous venons de Belgique, continue l'officier, où vous nous faites battre par des troupes noires ; nous marchons jour et nuit...

— Quel est votre grade ? demande son interlocuteur.

— Capitaine commandant.

Et M. Dufourmentel remarque le pommeau de son épée, en or et orné de pierreries.

— Et la guerre ?

— Oh ! nous ne sommes pas encore victorieux ; les civils tirent sur nous ; et les noirs, à Liège et à Namur, coupent la tête de nos officiers et les promènent au bout de leurs baïonnettes.

— Les troupes noires sont des troupes régulières.

Là dessus, l'officier partit ; une grande tristesse se lisait dans ses yeux.

Quelques jours après, une colonne allemande repassa devant la maison de M. Dufourmentel, se dirigeant vers Compiègne. Devant la grille, ils s'arrêtèrent et l'un d'eux cria : « Venez ici ! Pourquoi ces maisons sont-elles fermées ? Elles cachent des Français, sans doute ? »

— Non ! répliqua M. Dufourmentel ; ce sont des maisons de rentiers retirés des affaires...

— ...qui ont eu peur des « barbares allemands » ricana l'officier.

— Oui !

— Et vous n'avez pas peur, vous ?

— Non j'ai vu vos troupes en 1870.

Un autre demanda à M. Dufourmentel s'il n'avait pas d'eau miné_rale.

— Si ! de l'eau de Saint-Galmier.

Il en exigea deux bouteilles qui lui furent remises et que son ordonnance plaça dans ses fontes.

— Etes-vous victorieux ? demanda encore l'administrateur des hospices.

— Nous le sommes sur toute la ligne. Nous avons conquis la Belgique ; l'Italie est avec nous : ses troupes sont entrées sur la côte d'Azur et occupent Nice actuellement. Vous ne le saviez pas ?

— Non !

— Et demain nous serons à Paris.

Quel contraste avec la conversation de la veille !

Le mercredi suivant, 9 septembre, les zouaves arrivaient à Senlis, l'arme au poing, longeant les murs ; il était 6 heures du matin.

— Eh ! les zouaves ? appela M. Dufourmentel, venez donc prendre quelque chose.

— Merci, répondirent-ils, nous bouffons du boche (sic).

Et ce jour-là Senlis fut définitivement purgé des barbares qui l'occupaient.

. . . .

Nous devons, pour ne pas manquer à notre devoir, terminer ce chapitre en adressant à l'honorable docteur Ader, au nom de tous les malheureux, l'expression d'une sincère et vive reconnaissance. M. Ader s'est multiplié sans compter son temps, ses soins au chevet des pauvres blessés qui ont trouvé en lui un bienfaiteur. Il a bien mérité de la patrie en se prodiguant auprès de ceux qui souffrent.

Une brave religieuse

Nous détachons d'un rapport lu au Comité archéologique par l'honorable M. Fautrat la belle page suivante qui met en relief le dévouement, l'abnégation des humbles filles de la Charité pendant le combat.

L'ennemi engagé de ce côté devait faire sa jonction au sommet de l'angle, faubourg Saint-Martin. Les combattants français de toutes armes avaient pris position le long du périmètre de la forêt de Chantilly, distante de la ville de un kilomètre. De là, nos mitrailleuses battaient l'ennemi sur les deux avancées. Les Allemands, pour se couvrir à mi-côte de la rue de Paris, prennent la rue transversale reliant les deux voies où ils sont engagés. Ils font marcher devant eux les Français pris sur leur route, de même que, dans la rue de la République, ils s'avancent précédés d'une ligne de nos

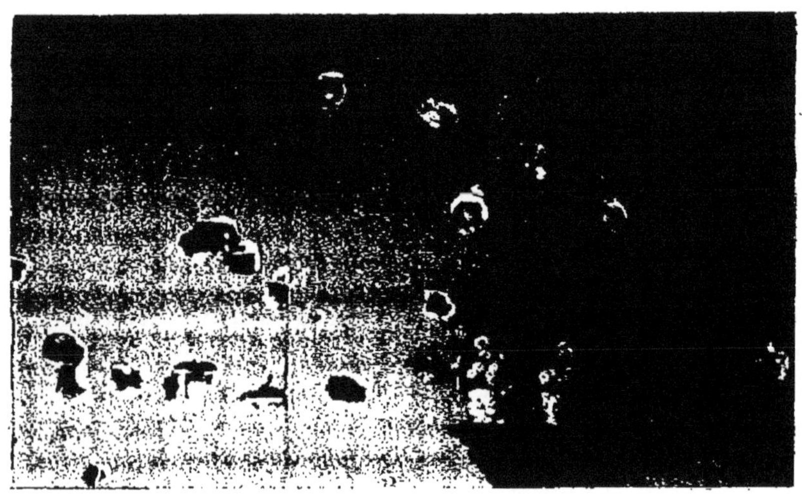

Dans une salle de blessés les projectiles ont fait au Christ une véritable auréole

concitoyens emmenés brutalement et devant servir de boucliers vivants contre l'attaque.

La bataille se livre avec acharnement devant l'Hôpital. Les ôtages tombent ; une petite fille de cinq ans, au rang des ôtages, est frappée d'une balle. M. Dupuis, comptable de l'Hôpital n° 11, après avoir essuyé le feu avec courage sur tout le parcours, parvient en marchant devant lui, à gagner la forêt, protégé par une ligne de peupliers bordant le chemin. Un officier allemand et son cheval sont tués, soixante soldats jonchent le sol. Un chef blessé entre à l'hôpital, tue sur les marches d'entrée un hospitalisé. La cloche de la maison sonne l'alarme. L'allemand devient fou furieux. La Supérieure s'avance près de lui, le prend par le bras, et le contraint à monter dans les salles. A ce moment un blessé français descendait l'escalier. L'officier braque sur lui son arme, mais la sœur, de sa main, la lui fait abattre.

Dans la salle, deux Allemands sont soignés parmi les blessés français. Ils disent la charité, le dévouement des sœurs. La fureur du chef paraît tomber. Il fait laver sa plaie, demande du cognac et se couche. Les murs de la salle sont tapissés d'empreintes de balles qu'ont envoyées les mitrailleuses des deux camps. Une balle a traversé le lit d'un blessé et la sœur reste à son chevet pour continuer les secours.

Le mur exposé à l'est est criblé de mitraille, à l'exception d'un mètre carré où se trouvent le Christ et l'image de la Vierge. Tout autour de cet espace, les balles forment une auréole.

Comme au Golgotha, de saintes femmes de Saint-Vincent-de-Paul sont là devant l'image du Christ que le fer a respectée.

Les cornettes blanches dans ce milieu, les blessés dans leurs lits, la pluie de balles, le Christ dominant tout, n'est-ce pas la charité, le martyre, le fait providentiel réunis pour montrer ce que donne l'âme des humbles : la résignation, la toute puissance de Dieu. L'hospice, après cette scène fut vite envahi. L'aumônier, l'abbé Cavillon, était à son poste, courageux et brave. Plusieurs fois, il fut menacé.

Dût l'humilité des filles de la Charité souffrir de ce relief, les cœurs français le doivent connaître pour que le Père Vincent, en regard de ce trait émouvant, obtienne de la Miséricorde, le pardon et le salut.

Une mitrailleuse avait été placée dans l'une des cours de l'Hôpital. Elle fut retirée. La sérénité d'âme de la Supérieure avait obtenu ce résultat.

Allumez barbares, comme à Senlis, vos torches d'incendie ; la lueur sinistre reflète le crime. La lumière qui dans nos hôpitaux éclaire le dévouement des humbles, vient de Celui qui donnera aux Francs, comme à Tolbiac, le salut de la France dans la foi suppliante.

M. Gabriel MÉGRET,
52 ans, débitant, rue Vieille-de-Paris,
tué dans sa maison.

M. Louis SIMON,
36 ans, débitant,
tué devant sa maison, place St-Martin

M. LEYMARIE,
19 ans, mécanicien dentiste,
tué devant l'hôpital.

M. Romuald-Emile AUBERT,
52 ans, mégissier,
fusillé à Chamant.

M. Jean-Stanislas BARBIER,
66 ans, charretier,
Fusillé à Chamant.

M. Eugène GAUDET,
48 ans, blanchisseur,
Tué au magasin à fourrages.

M. François-Etienne BOULANGER,
63 ans, gardien du cimetière, tué devant sa porte.

M. Louis CHAMBELLANT,
59 ans, maraîcher,
tué au magasin à fourrages.

M. Arthur RIGAULT,
61 ans, tailleur de pierres,
fusillé à Chamant.

LA FÊTE DES MORTS — UNE CÉRÉMONIE AU CIMETIÈRE

M. de Parseval, 1er adjoint, prononce une allocution sur les tombes des victimes.

Honneur aux glorieuses Victimes

> Le 12 Septembre a lieu à Chamant l'exhumation du corps de M. Odent, maire, et des six otages fusillés.
>
> Au cimetière, M. Cultru, doyen du Conseil municipal, prononce les dernières paroles d'adieu.

On a, en général, peu de détails sur l'arrestation des citoyens surpris dans les rues, allant soit aux provisions, soit à la recherche d'un abri et arrêtés sans autre forme de procès.

Les versions, données par des gens très honorables, sont souvent différentes, il est vrai. On ne saurait trop mettre en garde le public contre les racontars de certains journaux qui ont forgé de toutes pièces des histoires pour remplir leurs colonnes et intéresser leurs lecteurs.

Ce que l'on sait, c'est qu'aussitôt arrêté, M. le Maire a été conduit à l'hôtel du Grand-Cerf, sous l'inculpation d'avoir tiré ou fait tirer sur les troupes allemandes et d'avoir oublié de rappeler au calme la population senlisienne.

Notre malheureux maire ne cessa de protester énergiquement contre ces accusations, il donna à ses bourreaux le démenti le plus formel. Le commandant du détachement ne voulut pas en démordre et à partir de cet instant (il pouvait être quatre heures de l'après-midi) notre regretté maire a vécu avec cette idée épouvantable que sa dernière heure allait bientôt sonner. Et à son supplice s'ajoutait la vision de ces êtres chers auxquels il ne lui était pas permis d'adresser le dernier adieu. Notre maire fut emmené de l'hôtel du Grand-Cerf à Chamant, avec six infortunés citoyens pris au hasard dans la rue :

MM. Rigault, tailleur de pierres;
      Aubert Emile, mégissier;
      Pommier, mitron;
      Cottereau fils, plongeur chez M. Pierrard ;
      Barbier, charretier chez M. Herbet;
      Pierre Dewert, chauffeur.

C'est vers dix heures du soir, croit-on, que ces innocentes victimes ont été impitoyablement exécutées par leurs bourreaux.

***

Le 12 septembre dernier, la Municipalité et les Conseillers municipaux restés à Senlis, se rendirent à Chamant pour assister à l'exhumation de M. Odent. Parmi les personnes qui faisaient partie du cortège, on distinguait des ouvriers de la scierie venant saluer la dépouille de leur ancien patron, ainsi que M. Beaufort, surveillant des travaux publics.

M. l'archiprêtre Dourlent, après avoir donné la bénédiction, retraça en quelques paroles émues les dernières heures de M. Odent. ensuite le funèbre cortège se dirigea vers le cimetière de Senlis, à l'entrée duquel se trouvait un enfant de chœur avec l'eau bénite.

M. le curé de Senlis conduisit le corps au lieu de la sépulture provisoire et prononça les dernières prières liturgiques.

Puis, M. Cultru, doyen du Conseil municipal, adressa aux personnes présentes l'allocution suivante :

Messieurs,

« Celui que nous pleurons m'écrivait, quelques heures avant sa mort cruelle, ces mots sublimes dans leur simplicité : « J'ai enfin mis ma femme en sûreté et je suis maintenant tout à Senlis. »

« Oui, bon et cher Maire, votre dévouement fut sans limite ; vous avez tout donné à votre ville natale : votre tranquillité, vos pensées, vos joies, votre vie dans des circonstances terribles qui ne seront jamais oubliées ! un tel exemple de civisme ira à la postérité !

M. l'Abbé Conen, Supérieur de Saint-Vincen', bénit les tombes.

« Innocente victime de l'injustice et de la barbarie Allemande, ton nom, désormais, rayonnera dans l'histoire de notre malheureuse Cité et inspirera les générations dàns la conduite de ses destinées.

« Nous t'en remercions en son nom et nous t'adressons, le cœur brisé, l'éternel adieu ! »

**

Un ami de M. Beaufort, M. Levasseur, lui signala alors les six corps des autres senlisiens enterrés un peu plus loin à environ deux cents mètres. M. Beaufort, dont le dévouement en cette triste circonstance fut au-dessus de tout éloge, s'y rendit aussitôt. accompagné de quelques personnes et découvrit ces victimes recouvertes seulement de quelques pelletées de terre et d'un peu de paille. On reconnut tout de suite Rigault, tailleur de pierres ; quant aux autres M. Beaufort ne put que noter les détails de leurs habits.

M. BEAUFORT
Surveillant
des travaux municipaux
à Senlis

De retour à Senlis, il s'informa des familles qui avaient des personnes disparues, et grâce aux renseignements qu'il donna sur les vêtements, on parvint à identifier les corps des malheureux dont nous donnons les noms plus haut. Ils furent également ramenés à Senlis.

Des croix en bois blanc ont été posées par M. Beaufort à l'endroit où ces victimes de la barbarie allemande furent assassinées. En attendant qu'un monument soit élevé en leur honneur, il a pris un soin tout particulier pour leur donner une sépulture convenable dans la nécropole de Senlis. Nous ne pouvons que féliciter ce modeste employé de la Ville qui a si bien traduit ses bons sentiments à l'égard de son ancien chef et des victimes de cette guerre tombées à Chamant ou près de l'Hôpital.

Les Derniers Moments
de M. Eugène Odent

D'après la version de M. Benoit Decreus.

Le soir du 2 septembre 1914, vers neuf heures moins le quart, M. Benoit se trouvait en compagnie de quatre ou cinq personnes, notamment de M. Eug. Odent, Maire de Senlis, Avenue de Compiè-gne près la propriét' de Mme Moinet. A ce moment nous raconte M. Benoit auquel nous laissons la parole, les Allemands bousculent M. Odent, lui arrachent sa canne et l'en frappent d'un coup sur le chapeau. Nous nous arrêtons sur la droite de la route un peu en avant la ferme de M. Bricot, pour laisser passer une colonne alle-mande se dirigeant sur Senlis.

Cette colonne passée, on nous conduit dans un champ de blé coupé, derrière la maison de M. Tarcy. Une fois tous les soldats allemands placés au bivouac, on nous met tous les six sur un rang et à la position militaire pendant quelques secondes devant des officiers dont je ne peux distinguer le grade. Ces officiers nous commandent de nous coucher à plat ventre, les mains allongées. Ensuite ils nous font lever et prendre la position militaire à nou-veau. Une fois ainsi placés un des officiers demande à M. Odent si c'était lui le Maire de Senlis. Sur sa réponse affirmative, il le fait avancer près d'un groupe d'officiers qui lui adressent quelques mots en français que je ne peux comprendre. Après quelques secondes d'entretien. M. Odent vient vers nous, nous serre la main et nous dit qu'on va le fusiller. Ensuite il repart vers les officiers, leur dit quelques paroles, revient vers moi et me remet une somme d'argent en billets de banque et cinquante francs en me chargeant de porter cette somme à sa famille. Puis il me dit : « Adieu, mon pauvre Benoit. nous ne nous reverrons plus, on va me fusiller maintenant.»

M. Odent s'avance très courageusement près des officiers, à six ou sept mètres de nous, et aussitôt ils commandent deux hommes. Peu de temps après nous entendons deux coups de fusil et un coup de revolver que nous jugeons être le coup de grâce. Aussitôt quelques soldats allemands creusent une fosse, y mettent le corps de M. Odent et le recouvrent de terre. Malgré le beau clair de lune nous ne pouvons distinguer nettement par suite de la proximité du bois.

Les officiers reviennent vers nous et nous disant que la guerre est triste aussi bien pour eux que pour nous, que s'ils ont fusillé M. Odent, c'est parce qu'il y a des civils qui ont tiré sur leurs soldats en ville, que pour eux c'est un ordre formel qu'ils doivent remplir en pareil cas, qu'ils font la guerre aux soldats et non aux citoyens. « C'est la France qui a voulu la guerre, et votre Poincaré.»

Ils nous demandent si c'est nous qui avons tiré sur leurs soldats et ayant répondu négativement, que nous sommes complètement innocents, ils nous disent qu'il fallait nous tenir correctement que sans cela ils allaient nous faire la même chose.

Les Victimes du 2 Septembre 1914

Les Otages fusillés à Chamant

MM. Eugène Odent, Maire de Senlis, 59 ans.
- Arthur Rigault, 61 ans, tailleur de pierres.
  Romuald-Emile Aubert 52 ans, ouvrier mégissier.
  Jean-Baptiste Pommier, 67 ans, manouvrier.
  Jean-Stanislas Barbier, 66 ans, charretier.
  Arthur-Lucien Cottrau, 17 ans, plongeur.
  Pierre Dewert, 45 ans.

Les Victimes du Bombardement, du Combat et de l'Incendie

MM. François Etienne Boulanger, 63 ans, gardien du cimetière, tué devant sa porte.
  Adrien-Désiré Dropsit, 46 ans, maçon, tué par un éclat d'obus devant la mairie.
  Gabriel Mégret, 52 ans, débitant, tué dans sa maison.
  Louis Simon, 36 ans, débitant, tué devant sa maison.
  Georges Leymarie, 19 ans, mécanicien dentiste, tué devant l'Hôpital.
  Henri Eckès, 32 ans, manouvrier, tué devant l'Hôpital.
  Jules Levasseur, 22 ans, manouvrier, tué devant l'Hôpital.
  Louis Chambellant, 59 ans maraîcher, tué au magasin à fourrages.
  Eugène Gaudet, 48 ans, blanchisseur, tué au magasin à fourrages.
  Jules Barblu, 52 ans, charretier, et
Mme Barblu, née Louise Maquin, 46 ans, ensevelis sous leur maison incendiée.

Une visite à Chamant

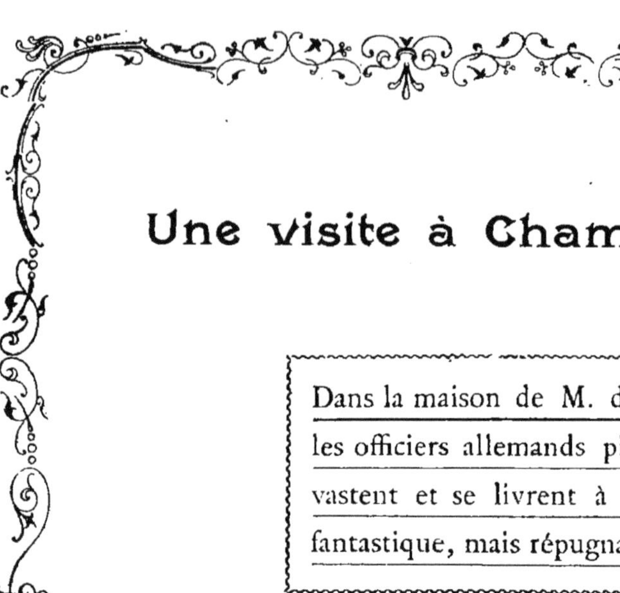

Dans la maison de M. de Tanley,
les officiers allemands pillent, dé-
vastent et se livrent à une orgie
fantastique, mais répugnante.

Nous avons tenu à rendre une visite à ce coquet village qui a été le théâtre d'évènements si dramatiques, de scènes si poignantes dans la journée du 2 septembre et la nuit suivante.

Par ce temps sombre et froid de décembre, quand on traverse la plaine en suivant le chemin Vert, la nature nous paraît triste et la pensée présente fatalement au yeux du promeneur les scènes horribles qui se sont déroulées dans ces parages.

Nous devons à l'obligeance de M. Tarcy, qui a bien voulu nous servir de cicerone, d'avoir vu de près les traces du passage des barbares.

« Je pourrais vous raconter, nous disait notre compagnon de route, bien des choses intéressantes pour ne pas dire stupéfiantes, mais je préfère vous faire constater *de visu* les exploits dont peuvent être capables ces gens qui osent se dire « les envoyés de Dieu », de ce Dieu, ajoutent-ils avec leur aplomb colossal qui leur accordera la victoire (?) » Chemin faisant, nous contemplons cette plaine où campaient les Allemands le 2 septembre et ces murs près desquels furent alignées ces malheureuses victimes qui, après un jugement sommaire, devaient tomber sous les balles de leurs bourreaux. On sent comme un frisson vous agiter à l'idée des souffrances de ces braves gens que l'escouade allemande avait cueillis au hasard dans la ville et qui, la nuit, attendaient à Chamant que l'Etat-Major ait prononcé son verdict. Les entendez-vous, nos martyrs se disant pendant des heures : « Nous ne reverrons plus notre famille, les êtres qui nous sont chers et desquels nous avons été brutalement séparés! »

EGLISE DE CHAMANT

A proximité de cette église se trouve le champ des Martyrs où les malheureuses victimes ont été fusillées.

Nous approchons d'une coquette maison isolée, mais à proximité du village. C'est celle de M. Tarcy, dont le locataire actuel, le comte de Tanley, est sous les drapeaux. Les volets sont fermés, la grille bien close et quelques intrus qui ont visité la propriété sans autorisation ont laissé des traces sur la porte pour faire actionner de l'extérieur l'espagnolette et pénétrer dans la villa.

« Des officiers allemands ont soupé et passé la nuit, dans cette demeure, nous dit M. Tarcy. Voyez et jugez ! »

Le chemin sablé de la charmante villa est jonché de bouteilles de champagne. Au bas du perron, qui, derrière la maison donne accès à la cuisine, on voit une malle dont le couvercle est défoncé et laisse apercevoir du linge et des effets qui ont été lacérés et souillés pour le plaisir de détruire. Dans la cuisine, des meubles du salon martelés à coups de bottes, ne laissent plus en vue que quelques vestiges de leur ancienne beauté. Dans la salle à manger, le couvert est encore mis. Les coupes de champagne, les bouteilles éparses avec les assiettes sur une table d'une saleté repoussante, le buffet fracturé, mutilé, tout, en un mot, dans cette pièce délabrée dénote que des sauvages ont été, pendant quelques heures, les locataires de cette charmante maison. Or, malgré l'état lamentable de l'appartement, les meubles et les objets, qui par miracle ont échappé à la brutalité des bandits avinés donnent une juste idée de l'ordre et de la propreté qui régnaient dans cet intérieur, marqué au coin du bon goût et de l'élégance des maîtres de céans.

Nous passons une visite en règle dans les vestibules, salons et chambres à coucher, etc., partout, au plus fort de l'orgie, on a tout lieu de le supposer, les forcenés ont laissé des traces de leur sauvagerie, de la rage avec laquelle ils ont brisé des meubles, forcé les portes et les tiroirs des armoires à glace, éparpillé le linge qu'ils ont déchiqueté sur le plancher et sali les couvertures et les draps de lit dans lesquels, disons le mot, ils se sont vautrés avec leurs bottes. Nous abrégeons, car on éprouve à la vue de ces saletés repoussantes un sentiment de dégoût qui vous précipite involontairement vers la sortie de cette habitation, pour détourner les regards de cette vision malsaine et respirer un air plus frais. Pendant l'examen rapide du théâtre des exploits teutons, nous avions gardé le silence qu'expliquait naturellement notre stupéfaction.

En traversant le jardin, nous nous retournons vers notre cicerone.

— Ce sont sans doute des officiers de l'Etat-Major qui ont logé ici ?

— De l'Etat-Major ou non, nous dit-il, c'étaient des officiers qui nous donnent la juste notion de leur culture physique et morale.

Nous nous rendons ensuite dans le village où quelques habitants nous racontent les transes qu'ils ont eues à l'arrivée de ces barbares qui ont pillé leurs maisons et promené à travers les chemins d'inoffensifs citoyens qu'ils tenaient continuellement sous la menace de leurs révolvers. On emporte à la suite de ces entretiens avec les victimes de la guerre, le sentiment bien juste que les soldats et officiers obéissent à l'ordre donné par l'Autorité supérieure allemande de terroriser les habitants, de fusiller, de piller, d'incendier, et tout cela au mépris des lois de la guerre ! Ces hordes teutonnes n'ont décidément rien à envier aux sauvages.

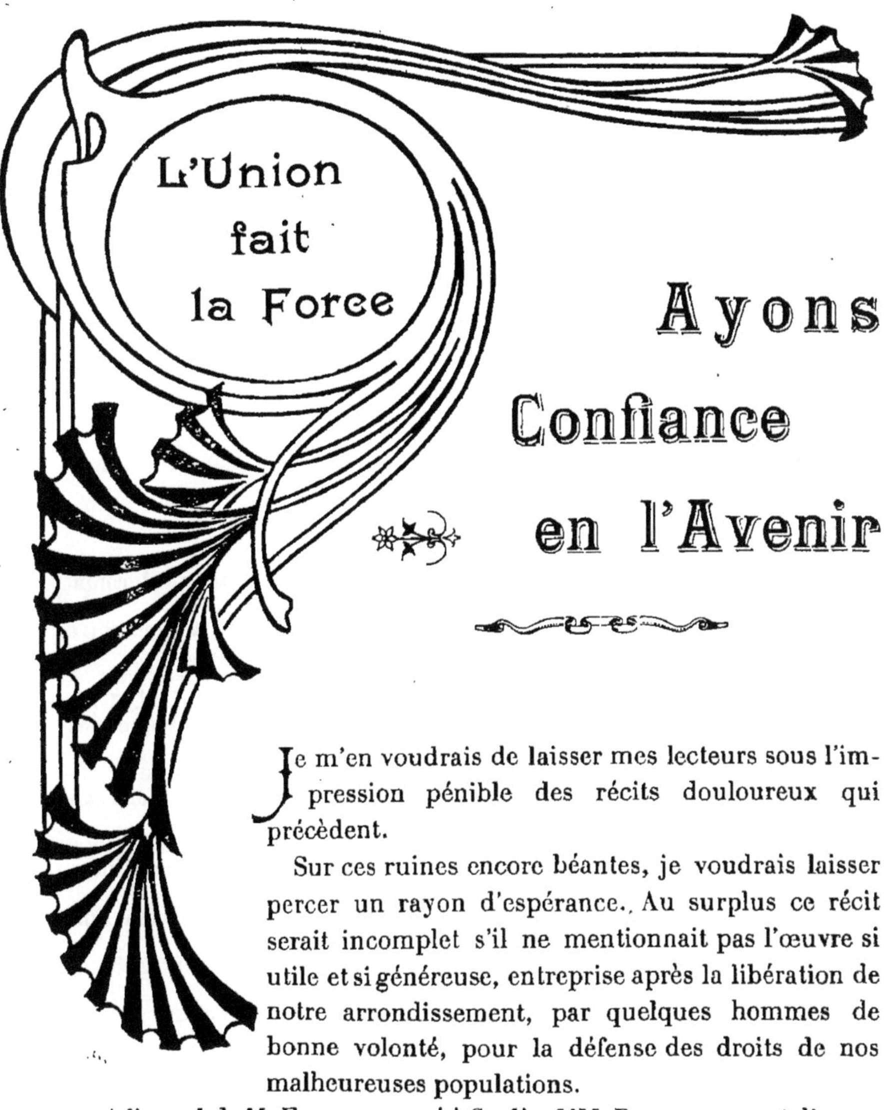

Je m'en voudrais de laisser mes lecteurs sous l'impression pénible des récits douloureux qui précèdent.

Sur ces ruines encore béantes, je voudrais laisser percer un rayon d'espérance. Au surplus ce récit serait incomplet s'il ne mentionnait pas l'œuvre si utile et si généreuse, entreprise après la libération de notre arrondissement, par quelques hommes de bonne volonté, pour la défense des droits de nos malheureuses populations.

A l'appel de M. Escavy, avoué à Senlis; MM. Bonamy, agent d'assurances, directeur de la société agricole ; Dufourmentel, ancien juge au tribunal de commerce ; Gandillon, chevalier de la légion d'honneur, ingénieur constructeur ; Langlois, notaire ; Lenoble, industriel ; Leroy, négociant ; Mahon, agent d'assurances ; Mouret, propriétaire ; Petit, notaire ; Sommaire, négociant ; Toupet, ancien négociant, constituèrent le 11 novembre 1914, une association de tous les sinistrés, dans le but de grouper toutes les victimes de faits de guerre de l'arrondissement de Senlis, et de créer une organisation destinée à aider **gratuitement** tous les adhérents de ses conseils et de ses avis et à prendre toutes les mesures nécessaires — spécialement en se joignant à d'autres organisations analogues et en intervenant auprès des Pouvoirs publics et du Parlement, — pour leur faciliter le paiement de l'indemnité à laquelle ils ont droit.

Apôtres dévoués de la plus juste des causes, ces hommes allèrent de canton en canton prêcher l'union, conseiller le courage et donner un peu de confiance dans l'avenir.

Sous une impulsion aussi vigoureuse, l'œuvre (1) s'est développée

---

(1) Le Groupement de l'arrondissement de Senlis comprend actuellement plus de 2.500 adhérents, son Comité est ainsi constitué ;

MM.

ESCAVY, Docteur en droit, Avoué à Senlis, *Président.*

GANDILLON, Chevalier de la Légion d'honneur, Ingénieur-Constructeur à Senlis, *Vice-Président.*

BONAMY, Agent d'Assurances, Directeur de la Société Agricole à Senlis, *Vice-Président.*

SOMMAIRE, Négociant à Senlis, *Secrétaire.*

PETIT, notaire à Senlis, *Trésorier.*

DUFOURMENTEL, ancien Négociant, ancien juge au Tribunal de Commerce, à Senlis.

LANGLOIS, Notaire à Senlis.

LENOBLE, Industriel à Senlis.

LEROY Négociant à Senlis.

MAHON, Agent d'Assurances à Senlis.

MOURET, ancien Négociant, propriétaire à Senlis.

TOUPET, Propriétaire, ancien Négociant à Senlis.

ALEXANDRE, Négociant à Creil.

BORNET, Négociant à Creil

BOULANGER, Cultivateur à Creil.

LERIN, Receveur Buraliste à Creil.

MASSARD, Négociant à Creil.

BAILLY, Négociant, ancien Juge au Tribunal de Commerce, à Crépy.

CADOT, Architecte à Crépy.

MM.

HURAUX, Cultivateur à Mermont Crépy.

LAUNE, Industriel, ancien entrepreneur à Crépy.

PILLEBOUT, notaire à Crépy.

DE CHAMPS DE SAINT-LÉGER, propriétaire à Macquelines-Betz

DELOZANNE, Conseiller d'Arrondissement, ancien Négociant à Acy-en-Multien.

MARTIN Gustave, Cultivateur, ancien Maire à Saint Ouen-Etavigny.

PETIT, Rentier à Mareuil sur Ourcq.

VAPAILLE, Cultivateur à Bouillancy.

BARBERY, Cultivateur, Adjoint au Maire à Sennevières.

BOURGEOIS, ancien Négociant, Rentier à Silly-le-Long.

COURTIER, Cultivateur à Ognes.

ROBERT, Notaire à Baron.

VUATTEBLED, Cultivateur à Nanteuil-le Haudouin.

BOUFFET, Conseiller d'Arrondissement, Juge au Tribunal de Commerce, à Verberie.

CLOUET père, Cultivateur à Villeneuve-sur-Verberie.

LAMBOTTE père, Cultivateur à Verberie.

LEBRUN, Géomètre à Verberie.

SORTAIS, Banquier à Verberie.

bien vite a grandi ; et aujourd'hui, dans tous les départements envahis, des Groupements analogues se sont créés, calqués sur celui de Senlis à qui restera l'honneur d'avoir pris l'initiative de ce grand mouvement de solidarité.

*
* *

Le programme de l'œuvre, il a été résumé par son énergique promoteur M. Escavy, dans ses innombrables discours : Assurer à chaque sinistré, sans exceptions, sans distinctions de classes ou catégories, la réparation *entière* du dommage matériel qu'il a éprouvé par suite d'un fait de guerre.

L'indemnité nécessaire pour la réparation du dommage éprouvé, c'est l'Etat qui doit la payer.

Cette dette, elle est sacrée. Elle n'était pas, il est vrai, au moment où la guerre a éclaté, consacrée par un texte législatif ; mais elle n'en existe pas moins ; el'e a sa base dans le droit naturel et dans les obligations qui découlent de la solidarité Nationale.

« La fraternité qui unit les citoyens d'un peuple libre rend « commun à tous les individus du corps social, le dommage « occasionné à un de ses membres. »

Qui disait cela ? - La loi du 11 août 1792 ; On était en pleine invasion, à un mois de la victoire de Valmy.

« La nation indemnisera tous les citoyens des pertes qu'ils ont « éprouvées ou qu'ils éprouveront par l'invasion de l'ennemi sur le « territoire français ... »

Qui disait cela ? — La Convention, le 16 août 1793 au moment où elle décrétait la levée en masse !

« Le Gouvernement prend devant vous un engagement « solennel...... La France redressera ses ruines...... fière, dans la « détresse d'une partie de ses enfants, de remplir le devoir de « solidarité Nationale. Ainsi, répudiant la forme du secours qui « indique la faveur, l'Etat adopte lui-même le droit à la réparation « au profit de ceux qui ont été victimes dans leurs biens, des faits « de guerre. »

Qui tient ce langage ? — M. le président du conseil Viviani dans la mémorable séance de la chambre des députés du 22 décembre 1914. Ce sont les premières paroles adressées par le Gouvernement à l'occasion de la première réunion des Chambres aux malheureuses populations des départements envahis.

Ces promesses, elles reçoivent, quelques jours après, une première confirmation dans l'article 12 de la loi des finances du 26 décembre 1914 : « Une loi spéciale déterminera les conditions « dans lesquelles s'exercera *le droit à la réparation* des dommages « matériels résultant des faits de guerre. »

Le principe est acquis ; *le droit à la réparation* existe désormais ; la lacune de notre législation est comblée ; c'est un grand pas de fait ; c'est presque la victoire.

Ce sera demain la victoire complète lorsque sera votée la « loi spéciale » annoncée par l'article 12 ; mais il faudra que le Parlement fasse cette loi dans un esprit d'entière et parfaite justice. Il faudra que la loi spéciale assure l'égalité de tous les sinistrés devant la loi ; qu'elle répudie toutes distinctions de classes ou de catégories, toutes modalités ou conditions d'application qui lèseraient les uns où les autres sans profit pour personne.

Espérons et ayons confiance !

Sachons gré à tous les braves gens qui, soucieux de leurs devoirs envers la collectivité, lui donnent si généreusement de si grandes marques de dévouement.

Unissons tous ces noms, ceux qui sont morts, ceux qui ont souffert, ceux qui se dévouent, dans le même souvenir reconnaissant.

C'est sur ces paroles que je veux terminer ce modeste opuscule. Je le dédie à tous ceux qui ont fait et font encore si vaillamment leur devoir pendant les heures douloureuses que traverse notre malheureuse cité ; heureux si, dans ces notes rapides, chacun d'eux a reçu le tribut qui lui est dû.